CHANSONNIER
DU
Buveur.

MONTBÉLIARD,
LIBRAIRIE DE DECKHERR FRÈRES.

CHANSONS DE TABLE.

UTILITÉ DE LA CHANSON.

Air: *Ah! le bel oiseau,* maman.

A table il faut la chanson
    Pour dire
  Le mot pour rire ;
A table il faut la chanson
Qu'on répète à l'unisson.

Imitons nos bons aïeux,
Les meilleures gens du monde ;
Jamais de repas entre eux
Où l'on ne dit à la ronde :

A table, etc.

Chez les bourgeois, chez les grands,
Dans le plus simple ménage ;
Chez vingt peuples différens,
Soit à la ville, au village,

A table, etc.

Après mille vains discours
Tenus sur la politique,
Pour interrompre le cours
Des caquets, de la critique,

A table, etc,

Quand l'hymen un beau matin,
Vient unir un couple sage,
Si l'on ne chante au festin,
Qu'il est triste, un mariage!

A table, etc.

Lorsqu'Amour, ce dieu frippon,
Guide deux époux lui-même,
S'il survient un beau poupon
On chante pour son baptême,

A table, etc.

Ne faisons rien à demi ;
Sans la chanson point d'ivresse,
Pour bien fêter un ami,
Une mère, une maîtresse,

A table, etc.

Certe à Bacchus elle plait ;
Elle le rend nécessaire ;

On boit à chaque couplet,
Toujours on remplit son verre.

A table, etc.

Qu'importe comme autrefois,
Pourvu que l'on recommence,
Qu'on chante *Paisibles bois,* (1)
Ou la plaintive romance.

A table, etc.

Que ce soit papa, maman,
Ou la tante ou la grand'mère,
Qui chante un refrain gaîment,
Ce refrain sait toujours plaire,

A table, etc.

De retour dans son salon,
Le héros couvert de gloire
Toujours invite Apollon
Au festin de la victoire.

A table, etc.

On voit aussi le soldat,
En perçant une futaille,

(1) *Paisibles bois, verger délicieux,* est une très-vieille chanson que nos pères chantaient souvent à table.

Au lieu même du combat,
Chanter après la bataille.
A table, etc.

Je passe tout guilleret
Dans le quartier des guinguettes;
Là, de chaque cabaret,
Il part maintes chansonnettes.
A table, etc.

On sait qu'autrefois Momus,
En parcourant notre ville,
A la table de Plutus,
Conduisit le vaudeville.
A table, etc.

Qui n'aime un joyeux refrain,
Quand bien serrés, côte à côte,
On boit, on se met en train,
A la santé de son hôte?
A table, etc.

A ce banquet tous admis,
C'est elle qui nous rassemble;
Or, chaque mois, mes amis,
Nous répéterons ensemble:

A table il faut la chanson
Pour dire
Le mot pour rire :
A table il faut la chanson
Qu'on répète à l'unisson.
Ducray-Duminil.

MOUVEMENT PERPÉTUEL.

Remplis ton verre vide,
Vide ton verre plein ;
Ne laisse jamais, dans ta main,
Ton verre ni plein ni vide,
Ne laisse jamais, dans ta main,
Ton verre ni vide ni plein.

Loin d'ici, sœurs du Permesse,
Chétives buveuses d'eau !
Cachez-vous avec prestesse
Dans votre fangeux ruisseau.
Bacchus m'anime et m'inspire,
Il échauffe tous mes sens ;
C'est lui qui monte ma lyre ;
Ecoutez ses fiers accens ;

Remplis, etc.

Si le ciel, dans sa colère,

Te fit le funeste don
D'une femme atrabilaire
Troublant toute sa maison,
Laisse-là cette mégère,
Ce lutin, ce vrai démon ;
Et vite d'un pas célère,
Vers le plus prochain bouchon,

Remplis, etc.

Nargue de la gens savante
Qui, du mouvement sans fin,
Depuis mille ans se tourmente
Sans aucun succès certain.
Moi seul et pour moi-même,
Assis dans un cabaret,
J'ai trouvé ce grand problême,
Voici quel est mon secret :

Remplis, etc.

Si les voûtes azurées
S'écroulaient avec fracas,
Si leurs ruines embrasées
Vomissaient mille trépas,
La trogne toujours vermeille,
Et le front toujours serein,
Tenant en main ma bouteille,
Je dirais à mon voisin :

Remplis ton verre vide,
Vide ton verre plein,
Ne laisse jamais, dans ta main,
Ton verre ni plein ni vide,
Ne laisse jamais, dans ta main,
Ton verre ni vide ni plein.

MA BOUTEILLE.

CHANSONNETTE.

Air : *Turlurette, ma tanturlurette.*

J'adore un objet parfait ;
Voulez-vous savoir quelle est
Cette amante sans pareille ?
    Ma bouteille, (*bis.*)
    Ma chère bouteille.

Qu'en dormant un amoureux
Rêve l'objet de ses vœux ;
Je rêve, quand je sommeille,
    Ma bouteille, etc.

Qu'en s'éveillant un peu tard,
Climène prenne son fard :
Moi je prends, quand je m'éveille,
    Ma bouteille, etc.

Qui rend mon esprit joyeux,
Qui me fait porter au mieux,
Qui rend ma face vermeille ?
   Ma bouteille, etc.

Qu'un roi sous un dais assis,
Tienne un sceptre de rubis,
Je tiens, assis sous la treille,
   Ma bouteille, etc.

Que deux monarques puissans
Vident de longs différens :
Pour moi, je vide à merveille
   Ma bouteille, etc.

Que tous nos froids beaux esprits
Aillent quêter des avis ;
Savez-vous qui me conseille ?
   Ma bouteille,
  Ma chère bouteille.
M. Théaulon.

CHANSONNETTE.

Air : *Dans la vigne à Claudine.*

J'aime à boire, à bien vivre ;
Mais je soutiens toujours

Qu'à grand tort on s'enivre
Une fois tous les jours.
Pourtant, quoique l'on dise
Contre tous les grivois,
Il est bon qu'on se grise
Une fois tous les mois. (*ter.*)

L'homme sans prévoyance,
Craignant des jours trop courts,
Fait ripaille et bombance
Une fois tous les jours.
Bientôt il se ruine,
Et se trouve aux abois;
Bienheureux quand il dîne
Une fois tous les mois.

Bravant de la sagesse
Les conseils, les discours,
L'amant voit sa maîtresse
Une fois tous les jours.
L'Epoux envers sa femme
Devenu des plus froids,
Dit bonjour à la dame
Une fois tous les mois.

Vainement de sa muse
Invoquant le secours,
Maint auteur qui s'abuse

Rimaille tous les jours.
Le dieu de la goguette,
Momus. sage par fois,
Permet la chansonnette
Une fois tous les mois.

M. Coupant.

PLUS ON EST DE FOUS, PLUS ON RIT.

Air connu.

Des frélons bravant la piqûre,
Que j'aime à voir dans ce séjour
Le joyeux troupeau d'Epicure
Se recruter de jour en jour !
Francs buveurs, que Bacchus attire
Dans ces retraites qu'il chérit,
Avec nous venez boire et rire...
Plus on est de fous, plus on rit.

Ma règle est plus douce et plus prompte
Que le calcul de nos savans ;
C'est le verre en main que je compte
Mes vrais amis, les bons vivans !
Plus je bois, plus leur nombre augmente,
Et quand ma coupe se tarit,

Au lieu de quinze j'en vois trente!
Plus on est de fous, plus on rit.

Si j'avais une salle pleine
Des vins choisis que nous sablons,
Et grande au moins comme la plaine
De Saint-Denis ou des Sablons,
Mon pinceau trempé dans la lie,
Sur tous les murs aurait écrit :
« Entrez enfans de la Folie....
« Plus on est de fous, plus on rit.

Entrez, soutiens de la sagesse,
Apôtres de l'humanité :
Entrez, amis de la richesse :
Entrez, amis de la beauté :
Entrez, fillettes dégourdies,
Vieilles qui visez à l'esprit :
Entrez auteurs de tragédies....
Plus on est de fous, plus on rit.

Puisque notre vie a des bornes,
Aux enfers un jour nous irons ;
Et, malgré le diable et ses cornes,
Aux enfers un jour nous rirons....
L'heureux espoir ! que vous en semble !
Or, voici ce qui le nourrit,

Nous serons là-bas tous ensemble....
Plus on est de fous, plus on rit.
Armand GOUFFÉ.

CHANSON BACHIQUE.

Air : *Frère Pierre à la cuisine.*

Le plaisir à cette table
Attend de joyeux refrains
Sur la liqueur délectable
Où nous noyons les chagrins :
    Au projet,
    A l'objet
Chacun ici doit sourire
Puisqu'ici chacun peut dire :
« Je suis plein de mon sujet. »

Chers amis, au bruit du verre,
Chassons la triste raison,
Convive un peu trop sévère
Pour l'ivresse et la chanson,
    Fruit charmant
    Du moment,
Et dont, pour charmer l'oreille,
Les glouglous de la bouteille.
Font tout l'accompagnement.

Ces chansonniers, dont l'ivresse
Fertilisait le cerveau,
Chassaient jusqu'à la paresse
Au nom d'amis du caveau.
  Maint couplet
  Guilleret,
Fait sans fatiguer la veine,
Leur montrait dans l'Hypocrène
L'emblême du cabaret.

Ardent à la picorée,
L'oiseau hâtant son réveil,
Fond sur la grappe dorée
Par les rayons du soleil :
  L'œil mutin,
  Le lutin,
Abreuvé sur le treillage,
Va chanter sous le feuillage
Son ivresse et son butin.

Si le coursier de Silène
Quitte les chardons pour lui,
Sous sa pesante bedaine
S'il voyage sans ennui,
  C'est qu'il croit,
  C'est qu'il voit
Qu'en remuant bien sa croupe
Du tremblant vieillard la coupe
En répand plus qu'il n'en boit.

Quand Bacchus, las d'Erigone,
Reprend son thyrse à sa main,
Et qu'il montre sur la tonne
Les plaisirs du genre humain,
    Sa soif croit
    Dès qu'il voit
Cent ménades, cent bacchantes
Tour à tour impatientes
De fournir aux coups qu'il boit.

Comment crut-on pour Tantale
Créer le plus grand des maux
Dans cette soif sans égale
Qu'il conserve au sein des eaux ?
    Les destins
    Que je plains.
Ce sont ceux des Danaïdes :
De remplir des tonneaux vides
Sans jamais boire de vins.

Si certain fou, dans l'Attique,
Tout le jour lanterne en main,
Crut, par son humeur caustique,
Eclairer le genre humain,
    Vin nouveau,
    Bu sans eau,
Le soir montrait sa folie ;

Car, pour mieux sentir la lie,
le couchait dans un tonneau.

L'ambroisie est l'assemblage
Des vins les plus précieux,
Dont l'extrait forme un breuvage
Le seul dont boivent les dieux.
  Jus divin !
  C'est en vain
Qu'on te cite avec emphase,
Ici quand le goût se blase
Nous pouvons changer de vin.

Hercule, un jour de miracles,
Dérouta les connaisseurs,
En levant cinquante obstacles
Pour charmer cinquante sœurs.
  L'eût-il pu,
  S'il n'eût su,
Pour opérer ses merveilles,
Faire à cinquante bouteilles,
Tour à tour lever le cu ?

Par ce fier trait de prudence
Puisqu'il prouve aux grands buveurs
Que Bacchus pour l'inconstance,
Garde toute ses faveurs.
  Chaque jour,

Sans détour,
Buvant, versant à la ronde,
Que tous les vins de ce monde
Nous enivrent tour à tour !

Laujon, à 78 ans.

TRINQUONS.

Air : *La Catacoua.*

Trinquer est un plaisir fort sage
Qu'aujourd'hui l'on traite d'abus.
Quand du mépris d'un tel usage
Les gens du monde sont imbus.
De le suivre, amis, faisons gloire,
Riant de qui peut s'en moquer ;
 Et pour choquer,
 Nous provoquer,
Le verre en main, en rond nous attaquer
 D'abord nous trinquerons pour boire,
 Et puis nous boirons pour trinquer.

A table, croyez que nos pères
N'enviaient point le sort des rois,
Et qu'au fragile éclat des verres
Ils le comparaient quelquefois.
A voix pleine ils chantaient Grégoire,

Docteur que l'on peut expliquer ;
    Et pour choquer,
    Se provoquer,
Le verre en main, tous en rond s'attaquer,
  Nos bons aïeux trinquaient pour boire,
  Et puis ils buvaient pour trinquer.

L'Amour alors près de nos mères,
Faisant chorus, battant des mains,
Rapprochait les cœurs et les verres,
Enivrait avec tous les vins.
Aussi n'a-t-on pas la mémoire
Qu'une belle ait voulu manquer,
    Pour bien choquer,
    A provoquer,
Le verre en main, chacun à l'attaquer,
  D'abord elle trinquait pour boire,
  Puis elle buvait pour trinquer.

Qu'on boive aux maîtres de la terre,
Qui n'en boivent pas plus gaîment ;
Je veux, libre par caractère,
Boire à mes amis seulement.
Malheur à ceux dont l'humeur noire
S'obstine à ne point remarquer
    Que pour choquer,
    Se provoquer,
Le verre en main, tous en rond s'attaquer,

L'amitié, qui trinque pour boire,
Boit bien plus encore pour trinquer.

CHANSON MORALE.

Air connu.

Rions, chantons, aimons, buvons,
En quatre points c'est ma morale ;
Rions tant que nous le pouvons,
Afin d'avoir l'humeur égale.
L'esprit sombre que tout aigrit
Tourmente ce qui l'environne :
Et l'homme heureux qui toujours rit
Ne fait jamais pleurer personne.

Souvent les plus graves leçons
Endorment tout un auditoire ;
Mettons la morale en chansons,
Pour la graver dans la mémoire.
A ses vœux un chanteur, dit-on,
Rendit l'enfer même docile ;
Orphée a montré qu'un sermon
Ne vaut pas un bon vaudeville.

Quand Dieu noya le genre humain
Il sauva Noé du naufrage,

Et dit, en lui donnant du vin :
« Voilà ce que doit boire un sage : »
Buvons-en donc jusqu'au tombeau,
Car d'après l'arrêt d'un tel juge,
Tous les méchans sont buveurs d'eau :
C'est bien prouvé par le déluge.

Un cœur froid qui jamais n'aima,
Du ciel déshonore l'ouvrage :
Et pour aimer, Dieu nous forma,
Puisqu'il fit l'homme à son image.
Il faut aimer, c'est le vrai bien :
Suivons, amis, ces lois divines ;
Aimons toujours notre prochain,
En commençant par nos voisins.
Ségur, ainé.

POMPONS.

Air: *de Tarare Pompon.*

Versez, versez toujours ;
Le vin, joyeux apôtres,
De mes jours et des vôtres
Embellira le cours.
Dans mon transport bizarre
Imitez-moi, lurons,

Et sur l'air de Tarare
Pompons.

Le vin, au champ d'honneur,
Fait triompher sans peine ;
Chaque grand capitaine
Doit être grand buveur.
Echangeant son épée
Contre des vieux flacons,
J'entends dire à *Pompons*,
Pompons.

En montant à l'autel,
Vous croyez tous, peut-être,
Que bonnement le prêtre
Marmotte son Missel.
Non.... devant sa burette,
Corbleu, je vous réponds,
Que tout bas il répète :
Pompons.

Trop faible de cerveau,
Cent fois on vit l'ivrogne,
A défaut de Bourgogne,
Finir ses jours dans l'eau ;
J'approuve son délire,
Du haut en bas des ponts
En sautant il peut dire :
Pompons.

Lorsque devant nos pas
S'offre un tendron étique,
A sa santé gothique,
Amis, ne buvons pas,
Mais dans nos bras, pour cause,
Lorsque nous passserons
Lise, Victoire ou Rose,
    Pompons.

Pompons, le joli mot!
En l'écoutant ma belle.
Cessa d'être rebelle
Au petit dieu marmot :
Aussi, malgré l'église,
Quatre fois, sans façons,
Elle veut qu'on lui dise
    Pompons.

En ce monde enchanteur
Il faut que le vin coule,
Et que la beauté roule
Ainsi que le buveur.
Passez, nectars, piquettes;
Tombez, corsets, jupons;
Et fussions-nous pompettes,
    Pompons.

                  Ch. HUBERT.

RONDE DE TABLE.

Air : *Au refrain du tambour.*

C'est ici l'heureux séjour
De Bacchus et de l'Amour.

Que chacun fasse silence !
Amis, voici ma chanson ;
Répétons à l'unisson
Le refrain qui la devance :

C'est ici l'heureux séjour
De Bacchus et de l'Amour.

Nous voyons à cette table
Briller les Jeux et les Ris ;
Le vin anime Cypris,
Cypris rend le vin aimable.

C'est ici l'heureux séjour
De Bacchus et de l'Amour.

Buveurs toujours sans ivresse,
Amans toujours délicats ;
Ah ! plus loin ne cherchons pas
Le bien qui nous intéresse.

C'est ici l'heureux séjour
De Bacchus et de l'Amour.

Vainement on est en garde ;
On cède au fils de Vénus,
Quand il trempe dans ce jus
Le subtil trait qui nous darde.

C'est ici l'heureux séjour
De Bacchus et de l'Amour.

Bacchus doit souvent sa gloire
A l'objet de notre ardeur ;
Un amant devient buveur
Dès qu'à sa belle il veut boire.

C'est ici l'heureux séjour
De Bacchus et de l'Amour.

Sans l'espérance de plaire,
Souvent l'esprit même est sot ;
Et rarement un bon mot
Vient sans le secours du verre.

C'est ici l'heureux séjour
De Bacchus et de l'Amour.

De la charmante Thémire
Célébrons tous la santé :

Elle est notre déité ;
Sans elle pourrions-nous dire :

C'est ici l'heureux séjour
De Bacchus et de l'Amour.

VADÉ.

LE DESSERT.

Air : *En revenant de Bâle en Suisse.*

Disparaissez, on vous l'ordonne,
Rôtis pompeux, fins entremets,
Ici Bacchus, Flore et Pomone,
Doivent seuls régner désormais :
    On rit, on babille ;
    Le cœur est ouvert,
    Et la gaîté brille
    Au moment du dessert.

Voyez quand un dîner commence,
Souvent on ne se connaît pas ;
Mais sans peine on fait connaissance :
Et quand vient la fin du repas,
    On rit, on babille,
    Le cœur est ouvert,
    On est en famille
    Au moment du dessert.

A raisonner chacun s'applique,
Tous ensemble et non tour à tour ;
Tout haut on parle politique,
Et tout bas on parle d'amour.
    On rit, on babille,
      Le cœur est ouvert,
      Et la gaîté brille
        Au moment du dessert.

C'est du Champagne qu'on apporte :
Chacun va dire sa chanson,
On chante juste ou faux, qu'importe,
Le Plaisir est à l'unisson.
    On rit, on babille,
      Le cœur est ouvert,
      Et la gaîté brille
        Au moment du dessert.

Voyez cette jeune innocente,
Buvant de l'eau, ne disant mot,
A ce vin mousseux qui la tente,
Elle cède, en boit, et bientôt
    Elle rit, babille,
      Son cœur est ouvert,
      Et sa gaîté brille
        Au moment du dessert.

Etrangère à la gourmandise,

Indifférente aux grands repas,
Lise, d'un peu de friandise
En secret ne se défend pas.
  Elle rit, babille,
  Son cœur est ouvert,
  Et sa gaité brille
  Au moment du dessert.

Dans un amoureux tête-à-tête
Que cet instant est précieux,
Ah ! quelle ivresse ! ah ! quelle fête !
Qu'avec joie, en attendant mieux,
  On rit, on babille,
  Le cœur est ouvert,
  Et la gaîté brille
  Au moment du dessert.

Nous, qu'un joyeux délire excite,
Et dont Momus dicte les chants
Mes bons amis. dînons bien vite,
Mais au dessert restons long-temps ;
  On rit, on babille,
  Le cœur est ouvert,
  Et la gaité brille
  Au moment du dessert.

LE BUVEUR ÉTERNEL.
RONDE BACHIQUE.

Air : *Tonton, tontaine, tonton.*

Le plaisir ici nous amène,
J'entends sauter tous les bouchons :
Buvons, buvons, morguène, buvons,
Tant que notre joyeux Silène
Nous fournira de vieux flacons,
    Buvons, morguène, buvons.

Comme on n'a point à la fontaine
Puisé le vin que nous sablons,
Buvons, buvons, morguène, buvons,
En attendant que dans la plaine
L'eau fasse éclore les bourgeons,
    Buvons, morguène, buvons.

Au lieu d'aller voir sur la scène
Des acteurs qui ne sont pas bons,
Buvons, buvons, morguène buvons,
Au lieu d'applaudir chez Ismène,
Des vers froids comme des glaçons,
    Buvons, morguène, buvons.

Afin de digérer sans peine

Jambons, chapons, dindons, marrons,
Buvons, buvons, morguène, buvons,
Et pour donner à notre Hélène,
D'amour de nombreuses leçons,
    Buvons, morguène, buvons.

Faut-il s'élancer dans l'arène,
Pour combattre? moi je réponds;
Buvons, buvons, morguène, buvons,
Nous ne devons au noir domaine,
Jamais descendre que bien ronds;
    Buvons, morguène, buvons.

Afin de trouver par centaine
De bons refrains, de gais flonflons,
Buvons, buvons, morguène, buvons.
Le Champagne vaut *l'Hypocrène;*
Et pour chanter sur tous les tons,
    Buvons, morguène, buvons.

Pour bannir le chagrin, la peine,
Que trop souvent nous ressentons
Buvons, buvons, morguène, buvons.
C'est le *Léthé* qu'à tasse pleine
Avec transport nous savourons :
    Buvons, morguène, buvons.

Quand le Temps, d'une voix hautaine,

Nous dira que nous vieillissons,
Buvons, buvons, morguène, buvons,
Car de *Jouvence* la fontaine
Ici roule à flots rubiconds ;
    Buvons, morguène, buvons.

Avant que la pâques ne vienne,
Même avec elle, en francs lurons,
Buvons, buvons, morguène, buvons.
Grisons-nous, grisons la vilaine,
Pour l'enterrer sous les bouchons ;
    Buvons, morguène, buvons.
M. BELLE, aîné.

GRISONS-NOUS.

Air ; *Aux soins d'un jour incertain.*

Grisons-nous, mes chers amis,
    L'ivresse
   Vaut la richesse ;
Pour moi, dès que je suis gris,
Je possède tout Paris,

Le vin confond tous les rangs
Et rapporte tous les âges ;
Il rend les hommes plus francs
Et les femmes moins sauvages.
Grisons-nous, etc.

Quand on boit dès le matin,
Le soir on est tout de flamme,
Effet merveilleux du vin,
On fait la cour à sa femme.
Grisons-nous, etc.

Le Chambertin rend joyeux,
Le Nuits rend infatigable,
Le Volnais rend amoureux,
Le Champagne rend aimable.
Grisons-nous, etc.

Si l'amour rit d'un barbon,
Il est une autre victoire,
Tel est vieux près d'un tendron,
Et sera jeune pour boire.
Grisons-nous, etc.

Le plus timide, en buvant,
Parle de tout à la ronde,
Au dessert, le moins savant,
Sait gouverner le monde,
Grisons-nous, etc.

D'un trop fastueux banquet
La gaîté fuit l'étiquette !..
Mais elle entre au cabaret.
Grisons-nous, etc.

Sur l'avenir incertain
Un roi portera sa vue;
Sans songer au lendemain,
L'ivrogne dort dans la rue.
Grisons-nous. etc.

De bouchons faisons un tas,
Et, s'il faut avoir la goutte,
Au moins que ce ne soit pas
Pour n'avoir bu qu'une goutte.
Grisons-nous, etc.

En faisant honneur au vin,
De Noé montrons-nous dignes,
S'il a planté le raisin,
C'est pour qu'on soit dans les vignes.
Grisons-nous, mes chers amis,
  L'ivresse
 Vaut la richesse,
Pour moi, dès que je suis gris,
Je possède tout Paris.
Paul de Kock.

LA CHANSON.

Air: *Ça ne se peut pas.*

Pour chasser les ennuis, la peine,

Il n'est rien tel qu'un gai refrain ;
On le trouve dans l'Hippocrène :
Mon Hippocrène c'est le vin.
Mes amis, voulez-vous m'en croire ?
Pour prouver qu'on est un luron,
Il faut joindre au plaisir de boire
  Une chanson   (4 fois).

Une chanson a du mérite
Lorsqu'elle remplit nos désirs ;
C'est la chanson qui nous invite
A goûter gaîment les plaisirs.
Une chanson sait mieux nous plaire
Qu'un mélodrame sans raison ;
Aux pantomimes je préfère
  Une chanson.

En combattant pour sa patrie,
Le Français chante, il est vainqueur ;
Un poltron craint-il pour sa vie ?
Il chante, et brave ainsi la peur.
Si quelque docte compagnie
Me fait bâiller dans un salon,
Vite, j'appelle la folie,
  Et la chanson.

Orphée adorait Eurydice ;
Mais bientôt, déplorant sa mort,

Pluton, dit-il, sois-moi propice,
Rends-moi l'arbitre de mon sort?
A sa voix, tout le sombre empire
Devint muet d'attention :
Il n'avait pourtant que sa lyre
  Et sa chanson.

Le héros verrait-il sa gloire
Parcourir ce vaste univers,
Si le poète à sa mémoire
Ne créait des chants et des vers?
Conquérans, qui vous déifie,
Qui vous élève au Panthéon?
C'est moins Clio que Polymnie,
  Et la chanson.

Tout meurt et disparaît sur terre,
Rois, héros, sages et savans,
Et leur souvenir éphémère
S'efface sous la faulx du temps,
Comme on voit du divin Homère
D'âge en âge briller le nom,
Anacréon reste le père
  De la chanson !

LE ROI DE LA FÊVE.

Air : *Chantez, dansez,*

J'aimerais assez être roi,
Mais seulement roi de la fève ;
Ce gai métier, ce doux emploi
Donne au moins des momens de trève.

Mais pour être roi tout de bon,
Même en France, je dirais non.

Qu'un roi de la fève est heureux !
Le dos au feu, le ventre à table ;
Un verre plein d'un vin fameux
Est son sceptre peu redoutable.

Mais pour être roi, etc.

Ses lois ne sont que de bons mots ;
Il boit à gauche, il baise à droite,
Et toujours les meilleurs morceaux
Sont siens sitôt qu'il les convoite

Mais pour être roi, etc.

Sur des convives délicats
Il est plus doux d'avoir l'empire

Que de régner sur des ingrats
Toujours tout prêts à contredire.

Mais pour être roi, etc.

Quand par la fève on devient roi,
On peut se choisir sa compagne;
Sans craindre qu'un voisin sournois
Conduise une armée en campagne.

Mais pour être roi, etc.

De la fève la royauté
Ne rompt pas, comme à l'ordinaire,
Cette touchante égalité
Qui n'existe plus sur la terre.

Mais pour être roi tout de bon,
Même en France, je dirais non.

MARÉCHAL.

LE VRAI BUVEUR.

Air : *Aussitôt que la lumière.*

Aussitôt que la lumière
A redoré nos côteaux,
Je commence ma carrière
Par visiter mes tonneaux;

Ravi de revoir l'aurore,
Le verre en main je lui dis :
Vois-tu sur la rive maure
Plus qu'à mon nez de rubis.

Le plus grand roi de la terre,
Quand je suis dans un repas,
S'il me déclarait la guerre
Ne m'épouvanterait pas :
A table rien ne m'étonne,
Et je pense, quand je bois,
Si là-haut Jupiter tonne,
Que c'est qu'il a peur de moi.

Si quelque jour étant ivre,
La mort arrêtait mes pas,
Je ne voudrais pas revivre
Pour changer ce doux trépas,
Je m'en irais dans l'Averne,
Faire enivrer Alecton
Et bâtir une taverne
Dans le manoir de Pluton.

Par ce nectar délectable
Les démons étant vaincus,
Je ferais chanter au diable
Les louanges de Bacchus.
J'apaiserais de Tantale

La grande altération,
Et passant l'onde infernale
Je ferais boire Ixion.

Au bout de ma quarantaine,
Cent ivrognes m'ont promis,
De venir la tasse pleine,
Au gît où l'on m'aura mis :
Pour me faire une hécatombe
Qui signale mon destin,
Ils arroseront ma tombe
De plus de cent brocs de vin.

De marbre ni de porphire
Qu'on ne fasse mon tombeau,
Pour cercueil je ne désire
Que le contour d'un tonneau,
Et veut qu'on peigne ma trogne
Avec ces vers à l'entour :
« Ci-gît le plus grand ivrogne
« Qui jamais ait vu le jour. »
Maître ADAM, menuisier de Nevers.

CHANSON A MANGER.

Air : *Aussitôt que la lumière.*

Aussitôt que la lumière

Vient éclairer mon chevet,
Je commence ma carrière
Par visiter mon buffet.
A chaque mets que je touche
Je me crois l'égal des dieux,
Et ceux qu'épargne ma bouche
Sont dévorés par mes yeux.

Boire est un plaisir trop fade
Pour l'ami de la gaîté :
On boit quand on est malade ;
On mange en bonne santé.
Quand mon délire m'entraîne
Je me peins la Volupté
Assise la bouche pleine,
Sur les débris d'un pâté.

A quatre heures lorsque j'entre
Chez le traiteur du quartier,
Je veux toujours que mon ventre
Se présente le premier.
Un jour les mets qu'on m'apporte
Sauront si bien l'arrondir,
Qu'à moins d'élargir la porte
Je ne pourrai plus sortir.

Un cuisinier, quand je dîne,
Me semble un être divin,

Qui du fond de sa cuisine
Gouverne le genre humain.
Qu'ici-bas on le contemple
Comme un ministre du ciel :
Car sa cuisine est un temple
Dont les fourneaux sont l'autel.

Mais, sans plus de commentaire,
Amis, ne savons-nous pas
Que les noces de nos pères
Finirent par un repas ;
Qu'on vit une nuit profonde
Bientôt les envelopper,
Et que nous vînmes au monde
A la suite d'un souper ?

Je veux que la mort me frappe
Au milieu d'un grand repas :
Qu'on m'enterre sous la nappe
Entre quatre larges plats :
Et que sur ma tombe on mette
Cette courte inscription :
« Ci-gît le premier poète
« Mort d'une indigestion. »

Désaugiers.

BOUTADES BACHIQUES.

Air connu.

Quand la mer Rouge apparut
   A la troupe noire,
Le peuple d'Egypte crut
   Qu'il n'avait qu'à boire,
Mais Moïse vit soudain
Que ce n'était pas du vin;
   Il la pas, pas, pas.
   Il la sa, sa, sa,
  Il la pas, il la sa,
   Il la passa toute,
   Sans en boire goutte.

Alexandre dont le nom
   A rempli la terre,
N'aimait pas tant le canon,
   Qu'il faisait le verre;
Si mars parmi les guerriers
S'est acquis tant de lauriers,
   Que pouvons, vons, vons,
   Que devons, vons, vons,
  Que pouvons, que devons,
   Que devons-nous croire,
   Sinon qu'il sut boire?

LA BOUTEILLE.

CHANSON BACHIQUE AVEC ACCOMPAGNEMENT
DE VERRES.

Air : *Lorsque le champagne.* (Désaugiers.)

Vive la bouteille !
Ce son argentin,
  Tin tin,
Est pour mon oreille
Un concert divin.

Qui voudra, réforme
Plus d'un code énorme,
Plaisant, pour la forme,
Au raisonneur profond ;
Le code bachique.
Est le code unique
Qu'un buveur se pique
De bien connaître à fond.
    Vive la bouteille ! etc.

Laissons l'antiquaire
Explorer la terre,
Pour un bloc de terre
Ou quelques vieux tronçons :

Près d'un cercle aimable,
Nous, restons à table :
On y trouve et sable
Toujours de vieux flacons.
  Vive la bouteille ! etc.

Nous devons le croire,
Amis, la victoire
Enivre de gloire
Le soldat belliqueux ;
 Mais, soyons sincères,
 Il sort de nos verres
 Des vapeurs légères
Qui nous enivrent mieux.
  Vive la bouteille ! etc.

Sur la mer profonde
Quand l'orage gronde,
Le marin dans l'onde
Termine son destin ;
 Fermons cette voie :
 Enfans de la joie,
 S'il faut qu'on se noie,
C'est dans des flots de vin !
  Vive la bouteille ! etc.

Lorsque la froidure
Vient à la nature

Ravir sa parure
Et sa variété,
La liqueur vermeille
Pétille et réveille
L'Amour qui sommeille
Aux pieds de la beauté.
  Vive la bouteille ! etc.

Puisque ce breuvage,
Délices du sage,
Convient à tout âge
Et bannit le chagrin,
Versons à la ronde,
Et que dans ce monde
Un écho réponde
A mon joyeux refrain :
Vive la bouteille !
Ce son argentin,
 Tin tin,
Est pour mon oreille
Un concert divin.

A. Betourné

MADAME GRÉGOIRE.

Air : *C'est le gros Thomas.*

C'était de mon temps

Que bêlait madame Grégoire
J'allais, à vingt ans,
Dans son cabaret rire et boire;
Elle attirait les gens
Par des airs engageans.
Plus d'un brun à large poitrine
Avait là crédit sur la mine.
Ah! comme on entrait
Boire à son cabaret!

D'un certain époux,
Bien qu'elle pleurât la mémoire,
Personne de nous
N'avait connu défunt Grégoire;
Mais à le remplacer,
Qui n'eût voulu penser!
Heureux l'écot où la commère
Apportait sa pinte et son verre.
Ah! comme on entrait
Boire à son cabaret!

Je crois voir encor
Son gros rire aller jusqu'aux larmes,
Et sous sa croix d'or,
L'ampleur de ses pudiques charmes.
Sur tous ses agrémens
Consultez ses amans;
Au comptoir la sensible brune

Leur rendait deux pièces pour une.
  Ah ! comme on entrait
  Boire à son cabaret !

Des buveurs grivois
Les femmes lui cherchaient querelle,
  Que j'ai vu de fois
Des galans se battre pour elle !
  La garde et les amours
  Se chamaillant toujours,
Elle, en femme des plus capables
Dans son lit cachait les coupables
  Ah ! comme on entrait
  Boire à son cabaret !

  Quand ce fut mon tour
D'être en tout le maître chez elle,
  C'était chaque jour
Pour mes amis fête nouvelle.
  Je ne suis point jaloux ;
  Nous nous arrangions tous.
L'hôtesse, poussant à la vente,
Nous livrait jusqu'à la servante.
  Ah ! comme on entrait
  Boire à son cabaret !

  Tout est bien changé,
N'ayant plus rien à mettre en perce,

Elle a pris congé
Et des plaisirs et du commerce.
Que je regrette hélas !
Sa cave et ses appas !
Long-temps encor chaque pratique
S'écriera devant sa boutique !
Ah ! comme on entrait
Boire à son cabaret !

BÉRANGER.

LE VIN.

Air : *Des gueux.*

Du vin, du vin,
Versez, versez plein,
Chantons, verre en main :
Vive le vin !

Au Parnasse, quand je monte,
Je bois durant le trajet ;
Je veux, je le dis sans honte,
Etre plein de mon sujet.
Du vin, etc.

Si Dieu, pour le premier homme,
Eût construit un cabaret,

Adam n'eût pas pris la pomme :
Avec nous il trinquerait.
  Du vin, etc.

Fléau de l'humaine espèce,
L'eau, dit-on, a tout détruit ;
Et, malgré son droit d'aînesse,
L'eau ne m'a jamais séduit.
  Du vin, etc.

A la piste des nouvelles,
J'interroge les journaux :
Les vignes produiront-elles ?....
A-t-on rempli nos tonneaux ?....
  Du vin, etc.

Sans consulter la chimie,
De bien boire sachons l'art ;
L'élixir de longue-vie
Se trouve dans ce nectar.
  Du vin, etc.

Des maux pour guérir la foule
Hippocrate a fait des lois ;
Il ordonne qu'on se soûle
Au moins une fois par mois.
  Du vin, etc.

Platon, Socrate, Aristote,

Ces sages qu'on vante tant,
Buvaient; l'histoire en tient note:
Pourquoi n'en pas faire autant?
    Du vin, etc.

Esope, au caveau de Xante,
Sans faire le moindre bruit,
A boire avec la servante
Passait fort souvent la nuit.
    Du vin, etc.

Fi de la sotte cabale
Des Caton, des Lamennais !
Moi, je puise ma morale
Dans Horace et Rabelais.
    Du vin, etc.

De l'amitié, sous la treille,
Le lien devint plus fort;
Plus d'un gai refrain s'éveille,
Et notre chagrin s'endort.
    Du vin, etc.

L'usurier, de son grimoire
Tâchant de nous enjôler,
Calcule, la nuit, sans boire,
Moi, je bois sans calculer.
    Du vin, etc.

Par ses filles en délire
Loth fut grisé tellement,
Qu'il leur fit... ce qu'on peut lire
Dans notre Ancien Testament.
    Du vin, etc.

Sans brusquer une fillette,
Moi j'attends patiemment
Qu'elle soit bien en goguette,
Pour pousser mon argument.
    Du vin, etc.

Suis-je dupe de l'ingrate?
J'ai recours à ce doux jus ;
Je m'enivre, et je me flatte
De bien dormir là-dessus.
    Du vin, etc.

Si Satan chez lui m'emporte,
Versez du vin sans douleur ;
Que par les yeux il vous sorte ;
Je ne veux point d'autres pleurs.
    Du vin, du vin, etc.

Vous graverez sur ma pierre,
Non que j'ai trop peu vécu,
Non une vaine prière ;
Mais ces mots : Il a bien bu !

Du vin, du vin,
Versez, versez plein,
Chantez, verre en main :
Vive le vin !

LA MARSEILLAISE ÉPICURIENNE.

Air connu.

Les dieux nous ont donné des armes,
Pour livrer de joyeux assauts ;
Du temps qui flétrit tous les charmes,
Tâchons de devancer la faulx.
Doux nectar, gentille fillette,
De tous côtés nous sont ouverts :
Tant que nous serons encor verts,
N'ayons pour but que leur défaite :
Aux armes, francs buveurs, montrez-
 vous, gais lurons,
Trinquons, que le plaisir enlumine nos
 fronts.

De futailles et de bouteilles
On a rempli nos arsenaux ;
Pour remparts nous avons nos treilles,
Pour armes, nos verres, nos brocs.
Les grâces sont nos cantinières,

Les désirs sont nos tirailleurs,
Les plaisirs sont nos artilleurs
Et les jeux portent nos bannières.
Aux armes, francs buveurs, etc.

Galans, jadis si redoutables,
Français, réveillons les amours ;
Que la bouteille, sur nos tables,
S'emplisse et se vide toujours.
Aux bergères livrons bataille,
Cupidon nous tend son carquois ;
Suivons ce petit roi des rois
Et frappons d'estoc, non de taille.
Aux armes, francs buveurs, etc.

Combattons prudes et dévotes,
Sachons les mettre à la raison ;
Courage, nouveaux Argonautes,
Parvenons jusqu'à la toison.
Bacchus, le plus sûr de nos guides,
Nous dit, marchez, ne craignez rien,
J'enivrerai le gardien
Et vous aurez les Hespérides.
Aux armes, francs buveurs, etc.

Amis, que la mélancolie,
S'exile loin de nos états ;
Que les grelots de la folie

Nous animent dans nos combats;
De jouir faisons notre gloire,
De Bacchus nourrissons chéris,
De Vénus heureux favoris,
Volons de victoire en victoire.
Aux armes, francs buveurs, etc.

Que Bacchus allume la mèche,
Visons toutes les voluptés;
Aux caveaux faisons mainte brèche,
Assiégeons novices beautés.
Si la Parque, d'un coup de taille,
S'oppose à de nouveaux succès,
Eh bien! nous saurons, en Français,
Mourir sur le champ de bataille.
Aux armes, francs buveurs, montrez-vous, gais lurons,
Trinquons, que le plaisir enlumine nos fronts.

L'AIMABLE FANCHON.

Air connu.

Amis, il nous faut faire pause,
J'aperçois l'ombre d'un bouchon;
Buvons à l'aimable Fanchon,

Pour elle faisons quelque chose ;
Ah ! que son entretien est doux,
Qu'elle a de mérite et de gloire,
    Elle aime à rire,   *bis*
    Elle aime à boire,   *en*
Elle aime à chanter comme nous.   *ch.*

Elle préfère une grillade
Aux repas les plus délicats :
Son teint prend un nouvel éclat
Quand on lui verse une rasade ;
Ah ! que son entretien est doux,
Qu'elle a de mérite et de gloire ;
    Elle aime à rire, etc.

Si quelquefois elle est cruelle,
C'est lorsqu'on lui parle d'amour ;
Pour moi, je ne lui fais la cour
Que pour m'enivrer avec elle ;
Ah ! que son entretien est dou.
Qu'elle a de mérite et de gloire ;
    Elle aime à rire, etc.

PARALLÈLE
DE LA VENDANGE ET DE LA MOISSON.

Air : *J'ons un curé patriote.*

La saison où l'on moissonne,

A mes yeux, est d'un grand prix ;
Mais la vendange, en automne,
Est le temps des jeux, des ris :
En moisson, l'utilité,
En vendange, la gaîté.
J'aime bien (3 *fois*) les *moissonneurs ;*
Mais j'aime mieux les *vendangeurs.*

Voyez la marche lente
De Claude le moissonneur,
Et l'allure sémillante
De Blaise, le vendangeur.
Dans l'un, faiblesse et langueur.
Dans l'autre, force et vigueur,
J'aime bien, etc.

Claude que la chaleur frappe,
Cherche l'eau d'un clair ruisseau;
Si Blaise a soif, d'une grappe,
Il se fait du vin nouveau.
Claude est grave et sérieux ;
Blaise est vif, leste, joyeux.
J'aime bien, etc.

Claude, le soir dans la grange,
S'endort avec Alison ;
Blaise, au retour de vendange,
Se réveille avec Suzon.

L'un a besoin de repos,
L'autre, de plaisirs nouveaux.
J'aime bien, etc.

D'une grange bien garnie,
Le spectacle est imposant ;
D'une cave bien remplie,
Le coup d'œil est ravissant.
Là-bas on m'offre un épi ;
Ici mon verre est rempli.
J'aime bien, etc.

De ces deux saisons charmantes
Quand j'admire les tableaux,
Leurs couleurs vives, touchantes,
M'offre des plaisirs nouveaux.
Dans l'un tout est sentiment,
Dans l'autre tout enjouement :
J'applaudis les *moissonneurs*,
Je ris avec les *Vendangeurs*.

RADET.

VERSEZ DONC !

CHANSON BACHIQUE.

Air : *Ma commère, quand je danse, etc.*

Quand l'amitié me convie

Dans un bachique repas ;
Lorsque ma bouche est remplie,
D'où vient qu'on ne verse pas ?
  Mais versez donc ! (*bis*).
Moi, je bois jusqu'à la lie ;
Amis, versez-moi du bon.

Tudieu !... dit dans son Olympe,
Jupin, en croisant les bras ;
Au gosier la soif me grimpe ;
Hébé, vous ne versez pas.
  Mais versez donc ! (*bis*)
Demain vous parlerez guimpe,
Aujourd'hui versez du bon.

Dans une église *Latreille*
Bâille et s'endort ; mais bientôt
Une sonnette l'éveille,
Et lui de dire tout haut :
  Mais versez donc ! (*bis*)
Garçon, vite une bouteille,
Une bouteille, et du bon.

Votre prophète imbécile
Vous défend un doux nectar :
Tâtez-en, disait Basile,
En convertissant Omar ;
  Mais versez donc ! (*bis*)

C'est la loi de l'Evangile :
Par Jésus, buvez du bon.

Pierre, avec sa personnière,
Buvait du *parfait amour ;*
Mais voilà-t-il pas que Pierre
N'a plus soif et reste court.
  Mais versez donc ! (*bis*)
Dit la belle offrant son verre :
Versez encore, et du bon.

Aimant un peu la goguette,
Des autels un serviteur,
Aspirant au vin qu'il guette,
S'écriait avec ferveur :
  Mais versez donc ! (*bis*)
Coquin, videz la burette :
Versez tout, car il est bon.
Justin Cabassol.

CHANSONNETTE DE TABLE.

Air : *Quand les bœufs vont deux à deux.*

Et tic, et toc, et tic, et tic,
 Et toc, et tic, et toc,
Que ce joyeux carillon } *Bis.*
Se répète à l'unisson.

Chez les amis de la panse
C'est ainsi qu'on doit, je pense,
Terminer un bon repas :
Grâce aux mains qui les provoquent,
« Que tous nos verres se choquent....
« Mais ne les imitons pas. »

Et tic, et tic, etc.

Quand la table nous rassemble,
Son charme confond ensemble
L'âge, le rang et l'esprit ;
Et, grâce à sa licence,
Chez Comus toute distance
Se mesure.... à l'appétit.

Et tic, et tic, etc.

Tant que la table est garnie,
Gardons-nous de la manie
De parler à tous momens,
Point d'esprit, point de harangue :
Songeons qu'un seul coup de langue
Fait perdre.... vingt coups de dents.

Et tic, et tic, etc.

Fi de ceux dont la bedaine
A table souvent nous gêne
Par son embonpoint fâcheux,

Pour les avoir il arrive
Qu'on invite qu'un convive....
Au lieu d'en inviter deux.

Et tic, et tic, etc.

On peint comme chose étrange
Ce vieux miracle qui change
En vin les eaux de Cana ;
Sans trop prôner leur science,
Nos marchands de vin, en France,
Font de ces miracles-là.

Et tic, et tic, etc.

Certain fleuve, dit l'histoire,
Jadis ôtait la mémoire,
Le premier de tous les biens :
Que n'est-il encore au monde !....
J'enivrerais de son onde
Vos créanciers... et les miens.

Et tic, et tic, etc.

Mais j'aime mieux la puissance
De ce vin dont l'influence
Vient échauffer mes esprits ;
Si par lui mon œil se trouble,
J'ai le plaisir de voir double
Le nombre de mes amis.

Et tic, et toc, et tic, et tic,
   Et toc, et tic, et toc,
Que ce joyeux carillon } Bis.
Se répète à l'unisson.

M. B. De Rougemont.

ÉLOGE DU CAFÉ.

Air : *Femmes, voulez-vous éprouver.*

J'ai quelquefois chanté du vin
La liqueur fraîche et pétillante ;
C'est aujourd'hui, café divin,
Ton parfum charmant que je chante.
Si le raisin fut inventé
Par le plaisir et par l'ivresse,
Tu dois avoir été planté
Par le bonheur et la tendresse.

De ce doux nectar échauffé
L'auteur de Mérope et d'Alzire,
Disait, en voyant son café :
Voilà la muse qui m'inspire.
Pour faire encore couler nos pleurs,
Que n'as-tu, séduisant Voltaire,
A tes tragiques successeurs,
Légué pour dot ta cafetière.

Du vin l'agréable poison,
Presque toujours mène au délire ;
Sans jamais troubler ma raison
Le café m'échauffe et m'inspire.
Pour éloigner le noir chagrin
Je le savoure avec délices ;
J'y trouve la vertu du vin.
Et n'y trouve aucun de ses vices.

Répondez-moi, jeunes amans,
Quand vous courtisez une belle,
Est-ce Bacchus, en ces momens,
Que vous invoquez auprès d'elle ?
Pour moi, lorsque j'attaque un cœur
Jamais à boire je ne songe ;
Le vin abrège le bonheur
Et le café nous le prolonge.

Infatigables orateurs,
Auteurs tragiques et comiques ;
Inépuisables prosateurs,
Et vous, écrivains politiques,
Venez, puisqu'il charme l'ennui,
Au café rendre vos hommages ;
Peut-être on n'eût pas lu sans lui
Ni ma chanson ni vos ouvrages.

Léger.

RONDE DE TABLE.

Air : *Enfans de quinze ans, etc.*

Laissons en paix les parlemens,
La cour, la ville et les ministres,
Ceux qui s'en vont, les revenans,
Et du code les vieux registres :
Couronnons nos coupes de fleurs,
Soyons gais et point raisonneurs.
   Chantons en refrain :
Vive Alexandrine et le vin !

O l'heureux siècle ! ô le bon temps,
Félicitez-nous donc, mesdames !
Le Russe bat les Ottomans,
Et bientôt vengea leurs femmes :
Pierre-le-Grand l'avait prévu,
Que le Grand-Turc serait cocu.
   Chantons en refrain :
Vivent nos vengeurs et le vin !

N'en déplaise à mons Mahomet,
Toi que l'on aime à la folie,
Tu vaux mieux, je le dis tout net,
Que sa houri la plus jolie :
Choisis un sultan parmi nous,

Turc au besoin et un peu jaloux;
Qu'il chante en refrain
Et sa sultane et le bon vin !

Si tu nous donnes quelque édit,
Tu verras quel est notre-zèle;
Il ne sera point contredit,
Ordonnât-il d'être fidèle;
Belles, vos arrêts sont toujours
Enregistrés par les amours.
 Chantons en refrain
Vivent la constance et le vin,

Amis, dans ces joyeux instans,
Faisons trois sermens authentiques,
D'être convives, d'être amans,
De rire aux drames pathétiques;
Et tandis que nos beaux esprits
Jurent d'ennuyer tout Paris,
 Jurons en refrain
De fêter l'Amour et le vin.

DORAT.

LE DIEU DES BONNES GENS.

Air : *Vaudeville de la Partie carrée.*

Il est un Dieu; devant lui je m'incline,

Pauvre et content, sans lui demander rien.
De l'univers observant la machine,
J'y vois du mal, et n'aime que le bien.
Mais le plaisir à ma philosophie
Révèle assez des cieux intelligens.
Le verre en main, gaîment je me confie
Au Dieu des bonnes gens.

Dans ma retraite, où l'on voit l'indigence,
Sans m'éveiller, assise à mon chevet,
Grâce aux amours, bercé par l'espérance,
D'un lit plus doux je rêve le duvet.
Aux dieux des cours qu'un autre sacrifie !
Moi, qui ne crois qu'à des dieux indulgens.
Le verre en main, gaîment je me confie
Au Dieu des bonnes gens.

Un conquérant, dans sa fortune altière,
Se fit un jeu des sceptres et des lois,
Et de ses pieds on peut voir la poussière
Empreinte encor sur le bandeau des rois.
Vous rampiez tous, ô rois qu'on déifie !
Moi, pour braver des maîtres exigeans,
Le verre en main, gaîment je me confie
Au Dieu des bonnes gens.

Dans nos palais, où, près de la victoire,

Brillaient les arts, doux fruits des beaux climats ;
J'ai vu du Nord les peuplades sans gloire
De leurs manteaux secouer les frimas.
Sur nos débris Albion nous défie ;
Mais les destins et les flots sont changeans.
Le verre en main, gaîment je me confie
  Au Dieu des bonnes gens.

Quelle menace un prêtre fait entendre !
Nous touchons tous à nos derniers instans ;
L'éternité va se faire comprendre ;
Tout va finir, l'univers et le temps.
Oh ! chérubins à la face bouffie,
Réveillez donc les morts peu diligens !
Le verre en main, gaîment je me confie
  Au Dieu des bonnes gens.

Mais quelle erreur ! non, Dieu n'est point colère ;
S'il créa tout, à tout il sert d'appui :
Vins qu'il nous donne, amitié tutélaire,
Et vous, amours, qui créez après lui,
Prêtez un charme à ma philosophie
Pour dissiper des rêves affligeans.
Le verre en main, que chacun se confie
  Au Dieu des bonnes gens.

LE GATEAU DES ROIS.

Air: *Je t'en file, file.*

Il faut, pour payer ma dette,
Que je chante du nouveau.
Ecoutez la chansonnette
Que m'inspire le gâteau.
La gaîté monte ma lyre,
Et je prends le ton grivois ;
Il faut que l'on tire, tire,
Tire le gâteau des rois.

Voyez la jeune Colette,
Avec son amant Lucas,
S'enfermer dans sa chambrette
Pour faire à deux un repas.
Nul ne saurait en médire,
Si Colette, en tapinois,
Avec Lucas tire, tire,
Tire le gâteau des rois.

Orgon, jamais à sa femme,
Ne fait le moindre cadeau ;
Et pourtant la pauvre dame
Mangerait bien du gâteau.
Pour soulager son martyre,

D'un galant elle a fait choix,
Puis avec lui tire, tire,
Tire le gâteau des rois.

Floricourt, mari volage
Courant à vingt rendez-vous,
Se plaint que dans son ménage
Tout est sans dessus dessous.
Si tout va de mal en pire,
C'est que l'époux, trop de fois,
Sans sa femme tire, tire,
Tire le gâteau des rois.

Le jour des rois, Isabelle,
Serra les nœuds de l'hymen,
Ah! comme elle attend, la belle,
L'heureux moment du festin.
Après la fête elle aspire,
Car c'est la première fois
Qu'Isabelle tire, tire,
Tire le gâteau des rois.

Il faut que de la galette
Les hommes soient bien friands,
Partout on en fait emplette,
Partout on voit des marchands ;
Entraînés par le délire,
Soldats, seigneur et bourgeois,

Tout le monde tire, tire,
Tire le gâteau des rois.

ROUTIER.

LE GOURMAND.

Air *du Vaudeville de Jean Monet.*

Amans de la bonne chère
Friands de jeunes tendrons,
Faisons bombance à Cythère,
Et l'amour sur des chaudrons :
    Car Vénus,
    Sans Comus,
Loin de ranimer la vie,
Ferait périr d'étisie
Tous les enfans de Momus,

Qu'une table bien servie
S'élève au sacré vallon ;
Débauchons, dans une orgie
Toutes les sœurs d'Apollon.
    Qu'un flacon
    De Mâcon
Renverse chacune d'elles
Et l'on verra nos pucelles
Accoucher... d'une chanson.

Si Jupiter en bœuf se change
Pour couronner son amour,
Seauvilliers, pour qu'on le mange,
Fonds sur lui comme un vautour ;
  Mets sa chair
  Sur le fer
D'un gril rougi par la braise :
Fais un bifteck à l'anglaise
Des cuisses de Jupiter.

Contre un bonnet de cuisine,
Amour troque ton bandeau,
Et de ta flèche badine
Larde-moi un fricandeau ;
  Cupidon,
  Marmiton,
Je prends tes droits sur notre âme.
Et que ta divine flamme
Serve à rôtir un dindon.

J'ai vu Vénus entourée
Des Jeux, des Plaisirs, des Ris,
Et ma raison égarée
Suivit ses oiseaux chéris.
  J'ai repris
  Mes esprits,
Et lorsqu'il faut que je dîne

Je mettrais en crapaudine
Jusqu'aux pigeons de Cypris.

Armé d'une lèche-frite
Je débarque chez Pluton,
Et fais bouillir ma marmite
Sur les feux du Phlégéton.
  J'ai pour rôt
   Un gigot;
Cerbère tourne la broche,
Caron fait tinter la cloche
Minos écume le pot.

FRANCISSE M.

LE DESSERT.

Air: *J'ai pris goût à la république.*

Chez l'Anglais, peuple carnivore,
Je dînerais mal, entre nous,
Comme à dix ans, les fruits encore,
Sont pour moi les mets les plus doux.
Et bien que le premier des hommes
Ait payé trop cher son écot,
Je suis ravi, quand j'ai deux pommes
Avec un petit abricot.

Pendant un an, grâce à ma femme,

De ces fruits j'ai su me nourrir ;
Depuis, hélas ! la pauvre femme,
N'en a plus qu'un seul à m'offrir.
Je conviens qu'il est délectable,
Mais quand c'est l'amour qui nous sert,
L'appétit veut voir sur la table
Le nombre trois à son dessert.

En secret, je vous le confie...
J'ai su découvrir à Paphos,
Un arbre jeune, plein de vie
Et chargé des fruits les plus beaux.
Arbre divin ! dès ton enfance
Tu fus par Vénus adopté,
Et tes fruits croissaient en silence
Sous les yeux de la volupté.

J'allais mettre tout au pillage,
Car Lise résistait encor :
Zéphir écartant le feuillage
Mit à nu le triple trésor.
Sous le fin duvet qui le couvre
Il monte, aux regards de l'Amour,
Abricot mignon qui s'entrouve,
Et plus haut, deux pommes d'amour.

De ces deux pommes, dit la belle,
Vous pouvez, monsieur, disposer ;

Mais sur l'autre fruit, la cruelle,
Ne me permet de rien oser.
Amant pressé, gourmand robuste,
Rarement entendant raison ;
Je l'agite, et le faible arbuste
Tombe avec moi sur le gazon.

J'avais grand faim, Lise tremblante
Me livre ses fruits savoureux ;
Mais ma gourmandise prudente
Prévient un transport dangereux,
Quand ma maîtresse chérie
D'un tel repas risque les frais,
Cupidon lui-même nous crie :
Du moins sauve-la des regrets.

Félix.

MA TACTIQUE.

Air : *J'ai vu la meûnière.*

Amis, pour embellir le cours
 Da ma vie entière,
Savez-vous quelle fut toujours
 Ma seule manière ?
D'abord tacticien savant,
J'ai soin de dire en me levant :

Chagrin en arrière,
Plaisir en avant.

Après un ample déjeuné,
　　Affaire première....
Après un succulent dîné,
　　Suite nécessaire....
Certain minois me captivant,
Le soir, je chante en m'esquivant :
　　Comus en arrière,
　　Amour en avant.

Toutes les fois que d'un tendron
　　Je suis la bannière,
Je chante, gardant d'un luron,
　　L'humeur cavalière,
Et d'un amant toujours rêvant,
Toujours de larmes s'abreuvant !....
　　Romance en arrière,
　　Chanson en avant.

Lorsque ma fauvette, en son vol,
　　Assez journalière,
Après avoir pour moi fui Paul,
　　Me quitte pour Pierre,
Tout aussi gai qu'auparavant,
Je dis, cédant au gré du vent :

Regrets en arrière!
Désirs en avant.

Qu'un homme, dont je fus trahi,
    Soit dans la misère,
Mon cœur qui n'a jamais haï,
    Prévient sa prière :
Et, du superflu me privant,
Il me voit bien vite arrivant,
    La plainte en arrière!
    La bourse en avant.

Accablé de fièvres et d'ennuis,
    Quand, sur la litière,
Au jour à peine, hélas! je puis
    Ouvrir ma paupière ;
Bacchus, dis-je d'un ton fervent
Protégera son desservant.
    Frayeur en arrière
    Espoir en avant.

J'use alors d'un remède sain,
    Et que d'ordinaire
N'ordonne ni le médecin
    Ni l'apothicaire.....
C'est de m'écrier en buvant
A verre plein, et très-souvent :

Tisane en arrière,
Bourgogne en avant.

A force de recommencer,
    Quand ma chambrière,
De ce jalop vient me verser
    La goutte dernière,
Loin de pleurer mon ci-devant,
Gaîment, je chante, en l'achevant
    Bourgogne en arrière,
    Champagne en avant.

Si, jusqu'ici, du noir trio
    La main meurtrière
N'a pas mis, d'un coup de ciseau,
    Fin à ma carrière,
C'est que jusqu'ici le bravant,
J'ai toujours dit, en bon vivant :
    Parques en arrière,
    Momus en avant.

DÉSAUGIERS.

AMOUR ET GOGUETTE.

Air : *Lanlanla, landerirette.*

N'ayons plus l'âme inquiette,
Bannissons notre chagrin ;

L'étranger, dit la gazette,
Part, et nous laisse du vin
   Vivons toujours,
   Landerirette,
   Pour la goguette
   Et les amours.

Que vive et jeune brunette
Vienne égayer nos repas,
Qu'amour nous trompe en cachette,
A Paris on n'en meurt pas.
   Vivons toujours, etc.

Loin de nous, que la trompette
Divise les potentats,
A la tonne, à la fillette,
Ici livrons des combats.
   Vivons toujours, etc.

Moquons-nous de la disette
De savans, de gens d'esprit,
Mais souvent à la feuillette,
Goûtons si le vin s'aigrit.
   Vivons toujours, etc.

N'ayons dans notre chambrette,
Pour tous meubles, qu'un flacon,
Une coupe, une couchette,

Un frais et joli tendron.
  Vivons toujours, etc.

Qu'un sot braque sa lunette
Pour deviner le destin,
Nous, cherchons une comète,
Mais pour trouver du bon vin.
  Vivons toujours, etc.

Quand sa parure est complette,
Ma brune, pour m'enchanter,
Boit et défait sa toilette,
Afin de ne rien gâter.
  Vivons toujours, etc.

Jamais en contant fleurette,
Aux belles n'offrons de l'eau ;
Mais que Venus en cachette
Avec nous chante au caveau :
  Vivons toujours,
  Landerirette,
  Pour la goguette
  Et les amours.

LES PETITS COUPS.

Air : *Tout ça passe en même temps.*

Maîtres de tous nos désirs,
Réglons-les sans les contraindre :
Plus l'excès nuit aux plaisirs,
Amis, plus nous devons le craindre.
Autour d'une petite table,
Dans ce petit coin fait pour nous,
   Du vin vieux d'un hôte aimable
   Il faut boire (*ter*) à petits coups.

Pour éviter bien des maux,
Veut-on suivre ma recette,
Que l'on nage entre deux eaux,
Et qu'entre deux vins l'on se mette.
Le bonheur tient au savoir-vivre ;
De l'abus naissent les dégoûts :
   Trop à la fois nous enivre :
   Il faut boire (*ter*) à petits coups.

Loin d'en murmurer en vain,
Égayons notre indigence :
Il suffit d'un doigt de vin
Pour reconforter l'espérance.

Et vous, que flatte un sort prospère,
Pour en jouir, modérez-vous ;
 Car, même dans un grand verre,
 Il faut boire *(ter)* à petits coups.

 Philis, quel est ton effroi !
 La leçon te déplait-elle ?
 Les petits coups, selon toi,
Sentent le buveur qui chancelle.
Quel que soit le désir qui perce
Dans tes yeux, vifs comme tes goûts,
 Du filtre qu'Amour te verse
 Il faut boire *(ter)* à petits coups.

 Oui, de repas en repas,
 Pour atteindre à la vieillesse,
 Ne nous incommodons pas,
Et soyons fous avec sagesse.
Amis, le bon vin que le nôtre !
Et la santé, quel bien pour tous !
 Pour ménager l'un et l'autre,
 Il faut boire *(ter)* à petits coups.

JOUISSONS DU TEMPS PRESENT.

RONDE DE TABLE.

Air connu.

Nous n'avons qu'un tems à vivre,
Amis, passons-le gaiment;
De tout ce qui peut le suivre
N'ayons jamais aucun tourment.
A quoi sert d'apprendre l'histoire,
N'est-ce pas la même partout?
Apprenons seulement à boire,
Quand l'on sait boire l'on sait tout.
    Nous n'avons, etc.

Qu'un tel soit général d'armée,
Que l'Anglais succombe sous lui;
Mais moi qui suis sans renommée
Je ne veux vaincre que l'ennui.
    Nous n'avons, etc.

A courir sur terre et sur l'onde
On perd trop de temps en chemin;
Faisons plutôt tourner le monde
Par l'effet de ce jus divin.
    Nous n'avons, etc.

Qu'un savant à voir des planètes
Occupe son plus beau loisir,
Je n'ai pas besoin de lunettes
Pour apercevoir le plaisir.
    Nous n'avons, etc.

Qu'un avide alchimiste exhale
Sa fortune en cherchant de l'or;
J'ai ma pierre philosophale
Dans un cœur qui fait mon trésor.
    Nous n'avons, etc.

Au grec, à l'hébreu je renonce,
Ma maîtresse entend le français ;
Sitôt qu'à boire je prononce,
Elle me verse du vin frais.
Nous n'avons qu'un temps à vivre,
Amis, passons-le gaîment ;
De tout ce qui peut le suivre,
N'ayons jamais aucun tourment.

CHANSON BACHIQUE.

Air : *Aussitôt que la lumière.*

Aimable Dieu de la treille,
Viens animer nos propos ;

Que ton jus qui nous éveill
Fasse partir les bons mots,
Célébrons avec ivresse
Ce dieu qui nous a soumis !
Buvons, et chantons sans cesse
La bouteille et nos amis.

Chacun son goût, sa manie;
La nôtre est d'aimer le vin,
De passer gaiement la vie,
Buvant ce nectar divin,
Déjà mes yeux qui se troublent
Rendent joyeux mes esprits,
Car à la fois ils me doublent
La bouteille et mes amis

Chanter et faire bombance,
Tel est notre unique emploi :
Que chacun avec constance
Suive cette aimable loi.
Loin de ces lieux la tristesse,
Les chagrins et les soucis !
Mais conservons-y sans cesse
La bouteille et nos amis.

Je voudrais passer ma vie
Entre Bacchus et l'Amour;

La nuit près de mon amie,
Et près du tonneau le jour.
Mon sort est digne d'envie,
Quand près de moi l'on a mis
Grand verre, femme jolie,
La bouteille et mes amis.

M. Aug. Attenoux.

PLUS ON EST D'AMIS, PLUS ON BOIT.

Air: *Francs buveurs que Bacchus attire.*

Loin de nous, chassant l'humeur noire,
Tous, gais artistes, bons vivans,
Aimant à chanter, rire et boire,
Nous nous rassemblons tous les ans.
A nous un ami s'incorpore,
Avec plaisir on le reçoit ;
Nous en trinquerons mieux encore,
Plus on est d'amis (*bis*), plus on boit.

Le plaisir fuit la solitude,
Pour le trouver vive un banquet,
Où se délassant de l'étude,
On chante gaîment son couplet,

A trinquer un ami m'engage,
J'en vois deux, mon plaisir s'accroît;
J'en vois dix, je bois davantage,
Plus on est d'amis (*bis*), plus on boit.

La vigne date du déluge,
Noé, patriarche divin,
Quand vint la fin de ce grabuge,
Dit : « Assez d'eau, songeons au vin. »
C'est grâce à lui qu'on se rassemble,
A notre amour il a bien droit ;
Vivons en paix, choquons ensemble,
Plus on est d'amis (*bis*), plus on boit.

Que l'on se boxe en Angleterre,
Qu'à Rome on aille faire un vœu,
Qu'en Chine on se fasse la guerre,
Nous nous en soucions fort peu.
Pour s'égayer le Français chante,
Ici, Messieurs, pour tout exploit,
Au lieu d'un coup, buvons en trente,
Plus on est d'amis (*bis*), plus on boi

Que chacun boive à sa maîtresse ;
Et même il serait bien, je crois,
De boire aussi, par politesse,
A nos maîtresses d'autrefois ;
Par ce moyen, jusqu'à l'aurore,

Nous resterons en cet endroit,
Et demain nous dirons encore
Plus on est d'amis (*bis*), plus on boit.

Paul de Kock.

LE VERRE EN MAIN.

RONDE.

Air : *Il a toujours le nez au vent.*

Pour attrapper une rime,
Souvent à tort je m'escrime
Et fatigue mon cerveau ;
Mais quand le jus de l'automne
Dans ma cervelle bouillonne,
Je la trouve de nouveau.
Ayons toujours le verre en main,
Pour célébrer le jus divin,
Et chantons à qui mieux mieux
Les amours et le vin vieux.

En vidant une bouteille,
Au divin dieu de la treille
Prouvons notre assentiment ;
Puisqu'il nous donne en Bourgogne
De quoi rougir notre trogne ;

Pour lui répétons souvent,
Ayons toujours, etc.

Si j'aperçois qu'une belle,
Trop long-tems fait la rebelle
Et dédaigne mon serment;
Par un verre de Champagne
Je désarme ma compagne,
Et je le dis en la.... rimant,
Ayons toujours, etc.

Quand ma femme est en colère,
Je crois entendre Cerbére,
Qui s'échappe de l'enfer ;
Prétendre la faire taire,
Serait bien un pot de terre
Heurté contre un pot de fer.
Ayons toujours, etc.

Si, dans un moment d'urgence,
On redemandait en France,
Le bras de nos vieux guerriers,
On verrait sous les panaches,
Toutes nos vieilles moustaches,
Chanter, cueillant des lauriers,
Ayons toujours, etc.

Je le dis sans politique,
Je puis narguer la critique

Qui me lance un trait malin ;
Pourvu que dans mon délire,
Je puisse chanter et rire,
Et répéter ce refrain :
Ayons toujours le verre en main,
Pour célébrer le jus divin,
Et chantons à qui mieux mieux,
Les amours et le vin vieux.

L. T. France.

LE BUVEUR INTRÉPIDE.

Air ; *Trouverez-vous un parlement.*

Vive le vin ! vive le vin !
Versez versez, chers camarades !
Chantons, et revenons sans fin
De la chansonnette aux rasades :
Mettons-nous vite à l'unisson ;
Que nous importe qu'on en glose ;
Si le vin ôte la raison,
Il ôte, ma foi ! peu de chose.

Plus de gêne, plus de façons :
Et, si vous voulez tous m'en croire,
Sans quitter table, nous boirons
Jusques à perdre la mémoire.

Sablant vins vieux et vin nouveau,
Et le Champagne et le Bourgogne,
Prouvons à tout sot buveur d'eau,
Qu'il n'est d'heureux qu'un bon ivrogne.

Entre Bacchus et Cupidon,
Transporté d'une double ivresse,
En vidant mon large flacon,
Je caresserai ma maîtresse;
Bercé sur le sein de l'amour,
Dans une heureuse insouciance,
Je pourrai compter chaque jour
Par une double jouissance.

Je renonce à l'ambition,
Elle engendre l'inquiétude;
Boire sans interruption,
Voilà, morbleu! ma seule étude.
Si la Parque, de son ciseau,
Veut trancher le fil de ma vie,
Qu'elle attende que mon tonneau
En soit tout à fait à la lie.

Cousin d'Avallon.

LE TIN TIN BACHIQUE,

SERMON ÉPICURIEN.

Air : *Repas en voyage, etc.* (des Solitaires de Normandie.)

Refrain en chorus.

Quand nos joyeux verres
Font dès le matin
   Tin tin,
Tout le jour, mes frères,
Devient un festin.

(On reprend le refrain en entier.)

Lorsque Phébus quitte
Le sein d'Amphitrite,
On court, on s'agite:
Rien ne peut m'entraîner;
Sans inquiétude,
Ma seule habitude,
Mon unique étude
C'est.... de bien déjeûner.

Quand nos joyeux verres, etc.

Ardent à la course,
Qu'un homme à ressource
S'en aille à la *Bourse*
Perdre ou gagner un sou ;
Loin de toute affaire,
Content de ma sphère,
Je n'ai rien à faire
Lorsque j'ai bu mon soû.

Quand nos joyeux verres, etc.

Malgré la sagesse
Veut-on par adresse
Doubler sa richesse ?....
L'on meurt pauvre souvent.
N'eussé-je qu'un *rouble*,
Je le verrai *double*
Si mon œil se trouble
Le matin en buvant.

Quand nos joyeux verres, etc.

Quelquefois j'enlève,
Lorsque je me lève,
D'abréger un rêve
Qui m'offrait du bon vin ;
Mais sur la fougère,
Près de ma bergère,

Je sens qu'un plein verre
Vaut mieux qu'un songe vain.

Quand nos joyeux verres, etc.

Narguant l'émétique,
Qui rend l'homme étique,
J'ai de ma pratique
Sevré la *faculté*.
Si la soif m'éveille,
Je cours sous la treille :
C'est dans une bouteille
Que je bois la santé.

Quand nos joyeux verres, etc.

Créanciers avides,
Procureurs livides
M'éveiller... Quel délit !
Valent-ils ce groupe
De gourmands en troupe,
M'offrant une coupe
Pour boire au saut du lit?

Quand nos joyeux verres, etc.

Jour et nuit Dorante
Rime et se tourmente ;
Des vers qu'il enfante

Lui-même est fatigué.
Adam ... que j'honore,
Buvait dès l'aurore,
L'on répète encore
Son refrain vif et gai.

Quand nos joyeux verres : etc.

Deux rivaux qu'agite
La froide Brigitte,
Désertant leur gîte,
Vont se couper le cou...,
Bacchus en goguette
Près du bois les guette :
Voici la guingette :
Mes gens vont boire un coup....

Quand nos joyeux verres, etc.

Assis près d'Ursule,
Thomas, par scrupule,
Long-temps dissimule
Son amoureux transport;
Le vin qui pétille
Rend la force au drille....
Il l'ôte à la fille....
Nos amans sont d'accord.

Quand nos joyeux verres, etc.

Bacchus fortifie
La philosophie ;
Sa gaité défie
Les plus sombres *Catons*.
Celui qui sait boire
Se rit de la gloire,
Brave l'onde noire....
Buvons donc.... et chantons.

Quand nos joyeux verres
Font dès le matin
    Tin tin,
Tout le jour, mes frères,
Devient un festin.

Armand-Gouffé.

LE PAN PAN BACHIQUE,

POUR FAIRE SUITE A LA CHANSON PRÉCÉDENTE.

Même air que le précédent.

Lorsque le Champagne
Fait, en s'échappant,
    Pan pan,

Ce doux bruit me gagne
L'âme et le tympan.

Le Mâco m'invite,
Le Beaune m'agite,
Le Bordeaux m'excite !
Le Pomard me séduit ;
J'aime le Tonnerre,
J'aime le Madère ;
Mais par caractère,
Moi, qui suis pour le bruit.....

Lorsque le Champagne, etc.

Quand, aidé du pouce,
Le liége que pousse
L'écumante mousse
Saute et chasse l'ennui,
Vite je présente
Ma coupe brûlante,
Et gaîment je chante
En sautant avec lui :

Lorsque le Champagne, etc.

Qu'Horace en goguette,
Courant la guinguette,
Verse à sa grisette
Le Falerne si doux ;

S'il eût, le cher homme,
Connu Paris comme
Il connaissait Rome,
Il eut dit avec nous ;

Lorsque le Champagne, etc.

Panard, notre maître,
Dut au doux bien-être
Que ce jus fait naître,
Le sel de ses bons mots ;
Et l'auteur unique
Du Roman comique
Dut à ce topique
L'oubli de tous ses maux.

Lorsque le Champagne, etc.

Maîtresse jolie
Perd de sa folie,
Se fane et s'oublie,
Victime des hivers ;
Mais ma Champenoise,
Grise comme ardoise,
En est plus grivoise
Et me dicte ces vers :

Lorsque le Champagne, etc.

De ce véhicule
Où roule et circule
Maint et maint globule,
Si le feu me séduit,
C'est que de ma tête,
Qu'aucun frein n'arrête
L'image parfaite
Toujours s'y reproduit.

Lorsque le Champagne, etc.

Quand de la folie
La vive saillie
S'arrête affaiblie
Vers la fin du banquet,
Qui vient du délire
Remonter la lyre?
Du jus qui m'inspire
C'est le divin bouquet.

Lorsque le Champagne, etc.

Pour calmer la peine,
Adoucir la gêne,
Eteindre la haine
Et dissiper l'effroi,
Que faut-il donc faire?
Sabler à plein verre

Ce vin tutélaire,
Et chanter avec moi :

Lorsque le Champagne
Fait en s'échappant
  Pan pan,
Ce doux bruit me gagne
L'âme et le tympan.
DÉSAUGIERS.

LE COUP DU MILIEU.

Air : *In vino veritas.*

Nos bons aïeux aimaient à boire,
Que pourons-nous faire de mieux ?
Versez, versez, je me fais gloire
De ressembler à mes aïeux.
Entre le Chablis que j'honore
Et l'Aï dont je fais mon dieu,
Savez-vous ce que j'aime encore ?
C'est le petit *coup du milieu.*

Je bois quand je me mets à table,
Et le vin m'ouvre l'appétit,
Bientôt ce nectar délectable
Au dessert m'ouvrira l'esprit.

Si tu veux combler mon ivresse,
Viens, amour, viens espiègle dieu,
Pour trinquer avec ma maîtresse,
M'apprêter le *coup du milieu.*

Ce joli *coup*, chers camarades,
A pris naissance dans les cieux ;
Les dieux buvaient force rasades,
Buvaient enfin.... comme des dieux.
Les déesses, femmes discrètes,
Ne prenaient point goût à ce jeu :
Vénus pour les mettre en goguette
Proposa le *coup du milieu.*

Aussitôt cet aimable usage
Par l'amour nous fut apporté :
Chez nous son premier avantage
Fut d'apprivoiser la beauté ;
Le sexe, à Bacchus moins rebelle,
Lui rend hommage en temps et lieu,
Et l'on ne voit pas une belle
Refuser le *coup du milieu.*

Buvons à la paix, à la gloire,
Ce plasir nous est bien permis :
Doublons les rasades pour boire
A la santé de nos amis.
Des Muses, disciples fidèles,
Buvons à Favart à Chaulieu ;

Et pour la santé de nos belles
Réservons le *coup du milieu*.

ARMAND-GOUFFÉ.

LE VIN.

Air : *C'est l'amour.*

C'est le vin (*ter.*)
Qui ranime le génie ;
L'encens qu'on lui sacrifie
Ne brûle pas en vain.
Qui fait oublier ma misère
A la ville ou dans le hameau ?
Met la gaîté dans la chaumière
Et le plaisir même au château ?
Qui sait dans la détresse
Consoler des revers ?
Qui soutient la vieillesse
Sous le poids des hivers ?
C'est le vin, etc.

A ce pauvre et triste malade
Quel dieu va rendre la santé ?
A ce courtisan de parade,
Qui montrera la vérité ?
A cet amant timide

Qui donnera du cœur ?
A ce nouvel Alcide
Qui rendra la vigueur ?
C'est le vin, etc.

Remarquez-vous cet homme en place
Qui craint de perdre ses amis ?
Comme il les flatte, les enlace !
A sa table ils sont admis.
Qui de leurs bons offices
Lui garantit l'appui ?
Qui fait dans nos comices
Qu'ils voteront pour lui ?
C'est le vin, etc.

Voyez cette beauté rebelle
Qui vante toujours ses vertus ;
L'Amour, pour punir la cruelle,
La livre au pouvoir de Bacchus.
De sa première flamme
Qui forcera l'aveu ?
Du plaisir dans son ame
Qui répandra le feu ?
C'est le vin, etc.

Dans leurs fauteuils académiques
Qui peut réveiller nos auteurs ?
Dans leurs disputes politiques

Qui calme enfin nos orateurs ?
 Quand l'intrigue culbute
 Un grand, mal affermi,
 Quel est après la chute,
 Son plus fidèle ami ?
  C'est le vin, etc.

Qui donne l'ardeur aux artistes,
Aux rimeurs du tact et du goût.
De l'esprit à nos journalistes,
Qui pourtant n'en ont pas beaucoup ?
 Qui rend les âmes pures?
 Qui fait sur des lauriers
 Oublier leurs blessures
 A tous nos vieux guerriers !
  C'est le vin (ter.)
 Qui ranime le génie :
 L'encens qu'on lui sacrifie
 Ne brûle pas en vain.

ROCHEFORT.

LES BONS AMIS.

Air de fanfare.

Que le plaisir nous enchante,
Qu'il soit l'ame du repas ;

Que l'on boive, que l'on chante :
Oublions tous nos nos débats.
Avec ce jus délectable
Le chagrin n'est plus permis :
Et c'est toujours à la table
Que l'on devient bons amis.

C'est le moment du silence
Quand on sert les premiers plats ;
On s'observe avec décence
Et l'on se parle tout bas :
L'entremets rend plus aimable ;
Au dessert on voit les ris.
Quand le Champagne est sur table
On devient tous bons amis.

Dans un cercle, la saillie
Cause souvent du dépit ;
La plus légère ironie
Est un vice de l'esprit ;
Dans un repas agréable
Tous les bons mots sont bien pris :
La franchise règne à table ;
On est toujours bons amis.

Que je sais de gens sévères,
Doux et brusques le matin,
Qui le soir, au bruit des verres,

Ont un plaisir clandestin :
Leur humeur est plus affable,
Et, dans les soupers jolis,
Avec eux l'amour à table
Les rend les meilleurs amis.

Allons gai, cher camarade,
Je t'attends le verre en main ;
Il faut boire une rasade
A la santé de Calin,
Si la belle peu traitable
T'a causé de noirs soucis,
Morgué, fais-là mettre à table,
Vous deviendrez bons amis.

Blaise, barbier du village,
Pour humer le vin clairet,
Les soirs quitte son ménage,
Et chopine au cabaret ;
Sa moitié qui fait le diable
Va l'étourdir de ses cris ;
Blaise le fait mettre à table ;
Ils en sortent bons amis.

FAVART.

MA REPUBLIQUE.

Air : *Vaudeville de la petite gouvernante.*

J'ai pris goût à la république
Depuis que j'ai vu tant de rois :
Je m'en fais une, et je m'applique
A lui donner de bonnes lois.
On n'y commerce que pour boire,
On n'y juge qu'avec gaîté ;
Ma table est tout son territoire,
Sa devise est la liberté.

Amis, prenons tous notre verre ;
Le sénat s'assemble aujourd'hui.
D'abord, par un arrêt sévère,
A jamais proscrivons l'ennui.
Quoi ! proscrire ? Ah ! ce mot doit être
Inconnu dans notre cité.
Chez nous l'ennui ne pourra naître :
Le plaisir suit la liberté.

Du luxe dont elle est blessée
La joie ici défend l'abus ;
Point d'entraves à la pensée,
Par ordonnance de Bacchus.

A son gré que chacun professe
Le culte de sa déité;
Qu'on puisse aller même à la messe,
Ainsi le veut la liberté.

La noblesse est trop abusive:
Ne parlons point de nos aïeux.
Point de titre, même au convive
Qui rit le plus, ou boit le mieux.
Et si quelqu'un, d'humeur traîtresse
Aspirait à la royauté,
Plongeons ce César dans l'ivresse:
Nous sauverons la liberté.

Trinquons à notre république,
Pour voir son destin affermi.
Mais ce peuple si pacifique
Déjà redoute un ennemi:
C'est Lisette qui nous rappelle
Sous les lois de la volupté.
Elle veut régner, elle est belle,
C'en est fait de la liberté.

LE JOUR DES ROIS.

Air connu.

Me voici donc au rang suprême,
Amis, grâce au hasard, monté,
Allons, sur des sujets que j'aime
Essayons mon autorité.
A mes lois que l'on obéisse,
De l'imberbe jusqu'au barbon :
Chantez tous, tel est mon caprice :
Pour un roi, c'est un bon garçon.

Je nomme d'abord la Folie
Premier ministre dirigeant,
Car les femmes, toute la vie,
Me mèneront comme un enfant.
J'envoie au diable la police,
J'offre pour charte une chanson,
La gaîté rendra la justice :
Pour un roi, je suis bon garçon.

Je ne tolère en fanatique
Qu'un culte, celui du plaisir ;
J'ordonne que tout hérétique
De mes états ait à sortir :

Soyez fervens, mais non tartufes
Ne vous mettez en oraison
Que devant.... une dinde aux truffes ;
Pour un roi, je suis bon garçon.

Mais si j'entends à mes oreilles
Un cri de guerre retentir,
Qu'un triple rempart.... de bouteilles
Devant moi vienne s'arrondir !
L'ennemi paraît-il revêche,
Faites sauter.... chaque bouchon :
Criez chancelans sur la brêche
Pour un roi, c'est un bon garçon.

Les rois ne sont pas à leur aise :
Le peuple se compte ! on l'entend
Préluder par la Marseillaise
A la victoire qui l'attend.
Prévoyant un moment critique,
Je brise mon sceptre en carton,
Et gaîment, dans vos mains j'abdique.
Suis-je pas un roi bon garçon ?

Edmond de Bormans.

COUPLETS DE TABLE.

Air du Vaudeville d'Arlequin tout seul.
Ou *Du ballet des Pierrots.*

Verrai-je disputer sans cesse
Les amans avec les buveurs.
Lorsque le dieu de la tendresse
De Bacchus chérit les faveurs !
Ah ! plutôt unissons leur gloire ;
Ils y gagneront tous les deux.
Lorsque l'on aime on sait mieux boire
Lorsque l'on boit on aime mieux. } *b.*

Tant que Bacchus garda l'empire,
L'Amour ne fut point langoureux ;
Quand l'Amour venait lui sourire
De l'Amour il doublait les feux.
Oui, j'en atteste la mémoire
De nos respectables aïeux ;
Lorsque l'on aime on sait mieux boire,
Lorsque l'on boit on aime mieux.

Un buveur est plus agréable
Quand l'Amour lui dicte un refrain ;
Une Cloris est plus aimable

Quand elle a le verre à la main.
Mes amis, vous pouvez en croire
Un observateur curieux :
Lorsque l'on aime on sait mieux boire
Lorsque l'on boit on aime mieux.

Si Bacchus, par son influence,
Quelquefois excite au sommeil,
L'Amour, par sa douce puissance,
Hâte le moment du réveil.
Il n'en perd rien de sa victoire ;
Elle en est plus chère à ses yeux.
Lorsque l'on aime on sait mieux boire ;
Lorsque l'on boit on aime mieux.

De Bacchus on doit fuir l'ivresse,
Comme les fureurs de l'Amour ;
Une aimable délicatesse
Doit les modérer tour-à-tour.
Mais point de maxime illusoire ;
Laissons-les s'arranger entr'eux.
Lorsque l'on aime on sait mieux boire ;
Lorsque l'on boit on aime mieux.

Sexe adoré, qui dans nos ames
Lancez mille traits enchanteurs,
Préférez, couronnez, mesdames,
Amans gourmets, tendres buveurs ;

Quand de mes goûts je fais l'histoire,
Je crois voir écrit dans vos yeux :
Lorsque l'on aime on sait mieux boire ;
Lorsque l'on boit on aime mieux.

RAROTEAU.

CHANSON BACHIQUE.

Air : *Eh ! pourquoi, quoi, quoi.*

Fuyons le triste breuvage
Dont les poissons font usage ;
Des dieux ce fatal fléau
N'est que pour les niguedouilles.
Eh ! pourquoi donc boire de l'eau ?
Sommes-nous des grenouilles ?
Eh ! pourquoi donc boire de l'eau ?
Sommes-nous des grenouilles ?

Aimable jus de l'automne,
Je renais quand je t'entonne ;
Tu réjouis mon cerveau :
Grands dieux ! que tu me chatouilles !
Eh ! pourquoi donc, etc.

Heureux qui chante ta gloire !
Plus heureux qui te sait boire !

Un plaisir toujours nouveau
　Charme les cœurs que tu mouilles.
Eh ! pourquoi donc, etc.

　Le bon vin nous ravigotte ;
　Mais pour toi, pauvre hydropote,
　Toujours plus noir qu'un corbeau,
　Dans les ombres tu t'embrouilles.
Eh ! pourquoi donc, etc.

　Bacchus nous rend la voix belle ;
　Mais pour toi, liqueur cruelle,
　Eût-on le son le plus beau,
　Tu le gâtes, tu l'enrouilles.
Eh ! pourquoi donc, etc.

　C'est la bachique ambroisie
　Qui nous donne la saillie :
　Fade boisson du crapeau,
　C'est toi qui nous en dépouilles.
Eh ! pourquoi donc, etc.

　Breuvage ignoble et funeste,
　La vérité te déteste ;
　Jamais son divin flambeau
　N'éclaire ceux que tu souilles.
Eh ! pourquoi donc, etc.

Dieu des mers, ton vaste empire
N'a point d'attraits que j'admire ;
J'aime mieux un noir caveau
Que le trône où tu patrouilles.
Eh ! pourquoi donc, etc.

Si le vin ne m'accompagne,
Lorsque je vais en campagne,
J'estime peu, clair ruisseau,
Les beaux lieux où tu gazouilles.
Eh ! pourquoi donc, etc.

L'eau n'est bonne sur la terre
Que pour les fleurs d'un parterre,
Pour le chou, pour le poireau,
Les melons et les citrouilles.
Eh ! pourquoi donc, etc.

Fâcheux preneur de tisanne,
Médecin, tu n'es qu'un âne ;
Tu mérites bien, bourreau,
Qu'ici l'on te chantes pouilles.
Eh ! pourquoi donc, etc.

PANARD.

AUTRE.

Air: *C'est la chose impossible.*

A jeun je suis lourd et pesant,
Mon cœur succombe à la tristesse;
Je suis fâcheux et déplaisant
Auprès de ma jeune maîtresse;
Mais je deviens, par ce jus-là,
   Tout de feu chez Javotte,
Et ça, ça, ça, ça, ça, ça, ça, ça,
   Et ça, me ravigote.

Que mon destin soit malheureux,
Qu'à pied tous les jours je me crote,
Que ma Phlis trompe mes vœux,
Qu'un rival heureux me dégote,
Je ris quand je bois de cela,
   Mon humeur est falote;
Et ça, ça, etc.

Quand il me faut chanter à jeun,
Je ne sais pas la moindre note;
Jusque dans l'air le plus commun,
Ma faible voix toujours tremblotte;
Mais je veux tout un opéra

En sifflant la linotte;
Et ça, ça, etc.

Lorsque l'hiver à nos climats
Fait sentir toute sa froidure,
J'oppose aux rigoureux frimas
Le feu de cette liqueur pure :
Pour me tenir chaud, ce jus-là
   Vaut mieux que redingote ;
Et ça, ça, etc.

Quand par une sombre vapeur
Je sens ma tête appesantie,
Quand le mal attaque mon cœur,
Quand mon ame est en léthargie,
Cinq ou six coups de ce jus-là
   Me servent d'antidote,
Et ça, ça, etc.

Panard.

VOYAGE AU PAYS DE COCAGNE.

Air : *Contre-danse de la Rosière,*
ou *L'ombre s'évapore.*

Ah ! vers une rive
Où sans peine on vive,
Qui m'aime me suive !

Voyageons gaiment.
Ivre de champagne,
Je bats la campagne,
Et vois de Cocagne
Le pays charmant.

Terre chérie,
Sois ma patrie :
Qu'ici je rie
Du sort inconstant.
Pour moi tout change ;
Bonheur étrange !
Je bois et mange
Sans un sou comptant.

Mon appétit s'ouvre,
Et mon œil découvre
Les portes d'un Louvre
En tourte arrondi ;
J'y vois de gros gardes,
Cuirassés de bardes,
Portant hallebardes
De sucre candi.

Mon Dieu ! que j'aime
Ce doux système !
Les canons même
De sucre sont faits.

Belles sculptures,
Riches peintures
En confitures,
Ornent les buffets.

Pierrots et Paillasses,
Beaux esprits cocasses,
Charment sur les places
Le peuple ébahi,
Pour qui cent fontaines,
Au lieu d'eaux malsaines
Versent toujours pleines
Le beaune et l'aï.

Des gens enfournent,
D'autres défournent ;
Aux broches tournent
Veau, bœuf et mouton.
Des lois de table
L'ordre équitable
De tout coupable
Fait un marmiton.

Dans un palais j'entre,
Et je m'assieds entre
Des grands dont le ventre
Se porte un défi ;
Je trouve en ce monde,

Où la graisse abonde,
Vénus toute ronde
Et l'Amour bouffi.

Nul front sinistre,
Propos de cuistre,
Airs de ministre
N'y sont point permis,
La table est mise,
La chère exquise
Que l'on se grise,
Trinquons, mes amis !

Mais parlons d'affaires.
Beautés peu sévéres,
Qu'au doux bruit des verres
D'un dessert friant,
On chante et l'on dise
Quelque gaillardise
Qui nous scandalise
En nous égayant.

Quand le vin tape
L'époux qu'on drape,
Que sur la nappe
Il s'endort à point ;
De femme aimable
Mère intraitable,

Ah! sous la table
Ne regardez point.

Folle et tendre orgie !
La face rougie,
La panse élargie,
Là, chacun est roi :
Et quand l'heure invite
A gagner son gîte,
L'on rentre bien vite
Ailleurs que chez soi.

Que de goguettes !
Que d'amourettes !
Jamais de dettes :
Point de nœuds constans,
Entre l'ivresse
Et la paresse,
Notre jeunesse
Va jusqu'à cent ans.

Oui, dans ton empire,
Cocagne, on respire...
Mais, qui vient détruire
Ce rêve enchanteur?
Amis, j'en ai honte ;
C'est quelqu'un qui monte
Apporter le compte
Du restaurateur.

LES POÈTES BACHIQUES,

RONDE DE TABLE.

Air: *Quand les bœufs vont deux à deux.*

Amis, le verre en main,
Avec moi chantez ce refrain :
Nargue du fils de Vénus !
Vive le joyeux Bacchus !

Du dieu joufflu des vendanges,
Oui, célébrons les louanges;
Salut, fils de Jupiter !
Tu rends nos ardeurs nouvelles :
Tu rends les femmes plus belles,
Tu dois leur être bien cher.

Amis, le verre en main, etc.

Des déesses de la fable
Laquelle est la plus aimable ?
Moi, qui n'aime que le vin,
Je dis que c'est Erigone ;
Elle mordit, la friponne,
A la grappe de raisin.

Amis, le verre en main, etc.

Noé, notre patriarche,
Est-il célèbre par l'arche ?
Non : son titre le plus beau
C'est d'avoir planté la vigne ;
Convenez qu'il était digne
De ne pas périr sur l'eau.

Amis, le verre en main, etc.

Anacréon sur sa lyre
Chanta son tendre délire
En buvant du vin grec :
En amour il fit merveille ;
Mais sans le jus de la treille
Le bonhomme eût été sec.

Amis, le verre en main, etc.

Sur le sommet du Parnasse
J'aperçois le grand Horace ;
Moins amoureux que gaillard,
Il a chanté le Falerne :
Ah ! s'il eût été moderne
Il eût chanté le Pomard.

Amis, le verre en main, etc.

Armé, dans son humble échope,
D'un rabot, d'une verlope,
Maître Adam, le menuisier,

Sans le doux plaisir de boire
N'eût jamais connu la gloire,
Et serait mort tout entier.

Amis, le verre en main, etc

Des Français le siècle illustre
Au cabaret doit son lustre :
Sur ce charmant Hélicon
Jamais de mélancolie ;
Les éclairs de la saillie
Partaient avec le bouchon.

Amis, le verre en main, etc.

Chaulieu, Collé, Saint-Hilaire,
Vous ne buviez pas d'eau claire ;
Ni toi non plus, Lattaignant,
Car ta trogne et ta bedaine
De la cuve de Silène
Annonçaient le desservant.

Amis, la verre en main, etc.

Piron, j'aime ton génie,
Tu fis la Métromanie :
Mais tu la dois au caveau :
Pour t'élever sur la scène
Le vin fut ton Hippocrène,

Et ton Pégase est un tonneau.

Amis, le verre en main, etc.

En tout tems à la fillette
J'ai préféré la feuillette :
J'en demande bien pardon,
Et je dis à qui s'étonne :
Femme n'est pas toujours bonne :
Le bon vin est toujours bon.

Amis, le verre en main,
Buvons, et chantons ce refrain :
Nargue du fils de Vénus !
Vive le joyeux Bacchus.

     M. J. A. Jacquelin.

L'EAU.

CHANSON A BOIRE.

Air : *Dn vaudeville de l'Avare et de son ami.*

Vive le vin de la vendange !
Ce cri joyeux n'est pas nouveu ;
Mais, ce qui doit sembler étrange
C'est de m'entendre chanter l'eau. (*bis.*)

Amis, pour chanter l'humeur noire,
Je m'exerce sur tous sujets :
Je chante l'eau, mais je promets
Qu'on ne m'en verra jamais boire. (bis.)

Si l'un des sages qu'on renomme,
Thalès, de l'eau fit tant de cas,
C'est que, sans doute à ce grand homme
Le vin du cru ne plaisait pas. (bis.)
Que n'a-t-il goûté le Champagne ?
Que dis-je ? on l'eût vu délirer.
Lui qui, sans jamais s'enivrer,
Battait si souvent la campagne. (bis.)

Après ce fou, j'en sais un autre
Qui, pour soulager les goutteux,
De l'eau chaude se fait l'apôtre,
Comme d'un moyen peu douteux. (bis.)
Laissons-le noyer ses malades
Tout en brûlant leurs intestins ;
Soyons nos propres médecins.
Et buvons frais mille rasades. (bis.)

Que nos belles puisent l'eau rose
Dont se servent nos damoiseaux :
Le parfum que Dumas compose
Vaut-il le bouquet du Bordeaux? (bis.)
Eau des carmes, eau de Cologne,

Sont recettes de charlatans :
Rien n'aide à prolonger nos ans
Comme un bon verre de Bourgogne. (*bis*)

Le Bourgogne ! ce mot me touche ;
Dès que je l'entends prononcer.
L'eau d'abord me vient à la bouche :
Heureux quand je puis la chasser. (*bis*.)
Je hais jusqu'à l'eau de fontaine,
Si ce n'est celle que Panard,
Collé, Lattaignant, et Favart,
Puisaient à même l'hypocrène. (*bis*.)
Ch. de Saint-Amand.

L'AMANT BUVEUR.

Air : *Nous sommes précepteurs d'amour.*

Forme qui voudra des désirs
Pour la fortune et pour la gloire !
Occupé de plus doux plaisirs,
Je sais aimer et je sais boire.

De leurs dons l'Amour et Bacchus
Comblent mes vœux (on peut m'en croire)
Quel bien me faudrait-il de plus ?
Je sais aimer et je sais boire.

Je ne sais ni grec, ni latin,
Mais à quoi bon tout ce grimoire ?
Connaisseur en beautés, en vin,
Je sais aimer et je sais boire.

Qu'un héros s'expose au trépas
Pour revivre un jour dans l'histoire !
Plus content de vivre ici-bas,
Je sais aimer et je sais boire.

Près d'Iris, ou dans un repas,
Toujours suivi de la victoire,
Qu'on applaudisse à mes combats !
Je sais aimer et je sais boire.

Je me construis un monument,
Avant de passer l'onde noire ;
Myrthe et pampre en sont l'ornement :
Je sais aimer et je sais boire.

Un lit posé sur deux tonneaux
Eternisera ma mémoire ;
 essus on gravera ces mots :
Ci-gît qui sut aimer et boire !

BOIRE ET DORMIR,

SOMNIFÈRE BACHIQUE.

Air : *Aussitôt que la lumière.*

Aussitôt que mes paupières
Le matin s'ouvrent au jour,
Je vais des cabaretières
Visiter l'heureux séjour.
Là, pour surpasser Grégoire
Et contenter mon désir,
Je bois tant que je puis boire,
Et je retourne dormir.

Un bon lit, une bouteille
Savent captiver mon cœur :
Doux repos, jus de la treille,
Voilà pour moi le bonheur.
Je ne cherche point la gloire :
Mon plus grand, mon seul plaisir,
Est de dormir ou de boire,
De boire ou bien de dormir.

Le fat pense qu'il s'amuse,
Lorsqu'au bal il peut danser ;
Mais le malheureux s'abuse,

Il ne fait que se lasser.
Chez moi : la chose est notoire,
Je sais mieux me divertir,
En passant mes jours à boire
Et mes nuits à bien dormir.

Toujours dans l'inquiétude,
L'avare, au milieu de l'or,
D'entasser fait une étude,
Et jeûne près d'un trésor,
C'est vraiment une sottise;
Il n'aurait point à souffrir,
S'il adoptait pour devise,
Comme moi : *boire ou dormir.*

Lorsqu'un ami m'offre à boire,
Chez lui je vais m'établir ;
Quand j'en sors, on peut le croire,
Je sens mes genoux fléchir.
De m'enivrer je fais gloire,
Et ne dois point en rougir ;
Car si j'aime tant à boire,
C'est que le vin fait dormir.

Une fois mort, qu'on m'enterre
Dans un lit trempé de vin ;
Et qu'on grave, pour me plaire,
Sur ma tombe ce refrain :

« Ci-gît un nouveau Grégoire
« Qui passa, voulant jouir,
  Moitié de sa vie à boire,
« Et tout le reste à dormir. »

Écrite sous la dictée de Jean l'Altéré,
            par M. BELLE aîné.

LA TABLE.

Air : *De la croisée.*

Si j'en crois ce qu'en chaire on dit,
Nos dévots aiment l'abstinence.
Sot qui, par sa faute maigrit,
Moi j'aime à m'arrondir la panse.
Aux plats bien fournis, au bon vin,
Selon moi, rien n'est préférable;
Je voudrais toujours avoir faim
    Et toujours être à table.

Amis, ce banquet enchanteur
Est bien fait pour que je m'y plaise;
Mon esprit, mon ventre et mon cœur
Avec vous sont fort à leur aise.
Des dieux je ne suis point jaloux;
Morceaux friands, voisine aimable !

Ma foi, Jupiter, entre nous,
  N'a pas meilleure table.

Ici, quand le dessert paraît,
Doux aveu, gentil babillage,
Saillie heureuse, tout ça naît,
Entre la poire et le fromage.
Liqueurs fines, vins délicats
Sèment un fumet délectable,
Et Momus, riant aux éclats,
  Accourt se mettre à table.

Craignons du plus gai des séjours
De parler de faire retraite;
Momens de bonheur sont si courts !
De Comus prolongeons la fête,
Avec Bacchus restons ici,
Et rendons le plaisir durable.
Ensemble, puissions-nous ainsi
  Vivre et mourir à table !

LE BON VIVANT,

Air : *Elle aime à rire, elle aime à boire*

Buvons, la vie est passagère,
Je me ris de l'adversité ;

Grâce à ma coupe, à ma gaité,
Comme un roi je me plais sur terre,
Nargue des sots et des savants,
Loin des honneurs et de la gloire.
Je veux rire, chanter et boire, } bis.
C'est le refrain des bons vivans.

Du vin plus je suis idolâtre,
Plus j'abjure un sexe trompeur ;
D'hymen les suites me font peur,
Je sais trop que sur son théâtre,
Des petits acteurs arrivans
L'entretien est obligatoire.
Je veux, etc.

Toujours Cupidon par ses charmes
Enchaînera le troubadour ;
Si Mars le couronne à son tour,
Bacchus lui fait rendre les armes ;
Braves, en cavaliers servans,
A l'amour offrez la victoire.
Je veux, etc.

Pour nous vanter la république,
L'empire ou bien la royauté,
Tout ce que le peuple a chanté
Ne vaut pas un couplet bachique.
Qu'un pouvoir flotte au gré des vents,

Qu'il soit solide ou provisoire,
Je veux, etc.

Parfois sorti de mainte orgie,
Prenant le matin pour le soir,
En me traînant je vais m'asseoir
Au milieu d'une tabagie.
Faute de quibus je revends
Les guenilles de mon armoire.
Je veux, etc.

Mortels qui fuyez l'allégresse,
Les toasts d'un joyeux festin,
Redoutez l'heure du destin,
Que j'attends plongé dans l'ivresse.
Prenne qui voudra les devans
Pour aller passer l'onde noire ;
Je veux rire, chanter et boire,
C'est le refrain des bons vivans.

LA CARAFE ET LA BOUTEILLE.

Air : *De la Meunière.*

La carafe ne se remplit
   Que d'eau de rivière ;
Mais la bouteille se rougit

D'une autre manière,
De chacunes d'elles goûtant,
J'adoptai le refrain suivant
　Carafe en arrière,
　Bouteille en avant.

Qu'on me parle du bon Henri,
　Dont la France est fière,
Qui fut idolâtré, chéri,
　De l'Europe entière.
Ce héros ne fut aussi grand,
Que parce qu'il mit en buvant
　Carafe en arrière,
　Bouteille en avant.

Je conviens que l'eau rafraîchit
　Plus que le Madère ;
Mais pour la soif gardez un fruit,
　Dit le sage austère ;
Cédant au précepte savant,
Je place, crainte d'accident,
　Carafe en arrière,
Bouteille en avant.

Au sein de la prospérité,
　L'Anglais boit sa bière ;
Aussi, par le spleen emporté,
　On le met en bière,

Vainqueur, vaincu, toujours content,
 C'est que le Français va chantant,
  Carafe en arrière,
  Bouteille en avant.

 Hélas ! disait à son époux
  Une douairière,
Ne bois donc pas tant d'eau, mon chou,
  C'est une glacière ;
 Et l'expérience m'apprend
 Que tu rajeunis en mettant
  Carafe en arrière,
  Bouteille en avant.

 Un tyran peut dégringoler
  D'un trône sur terre ;
 De table un buveur peut rouler
  Loin dans la poussière ;
 Le premier expire en jurant,
 L'autre s'endort en fredonnant :
  Carafe en arrière,
  Bouteille en avant.

 Quand je serai parmi les morts,
  Qu'on me porte en terre,
 Plaçant mes armes sur mon corps,
  C'est-à-dire un verre ;
 Qu'on mette dans l'ordre suivant,

Les objets dont j'usais vivant :
Carafe en arrière,
Bouteille en avant.

P. H. Lonot.

BACCHUS ET L'AMOUR.

Air du Confiteor.

J'aime Bacchus, j'aime Manon :
Tous deux partagent ma tendresse ;
Tous deux ont troublé ma raison
Par une aimable et douce ivresse : *(bis)*
Ah ! quelle est belle ! *(bis)* ah ! qu'il est
    bon !
C'est le refrain de ma chanson.

Quand le vin coule dans mon cœur,
Et que ma mignonne est présente,
Je ressens une vive ardeur ;
Et dans un doux transport je chante ;
Ah ! qu'elle est belle, etc.

Nanette, en me brûlant d'amour,
Me rend le vin plus agréable,
Le vin, par un juste retour,
Le rend à mes yeux plus aimable,
Ah ! qu'elle est belle, etc.

En partageant ainsi mes vœux,
Mon cœur en est plus à son aise :
Quand il me manque l'un des deux,
L'autre me soulage et m'apaise,
Ah ! qu'elle est belle, etc.

De Manon si j'avais le cœur,
Lui seul pourrait me satisfaire ;
Mais ses refus ou sa rigueur
Me rendent le vin nécessaire.
Ah ! qu'elle est belle, etc.

Des maux qu'elle me fait souffrir
C'est ce nectar qui me délivre :
Vingt fois elle m'a fait mourir ;
Vingt fois Bacchus m'a fait revivre.
Ah ! qu'elle est belle, etc.

De Manon regardez les yeux,
Et goûtez bien ce doux breuvage ;
Quand vous les connaîtrez tous deux,
Amis, vous tiendrez ce langage :
Ah ! qu'elle est belle, etc.

PANARD.

L'ENFANT DU CABARET.

Air : *De la cinquième édition.*

Je suis l'enfant du cabaret,
On peut en juger à ma trogne ;
Mon père, dont j'ai le secret,
Fut bon amant, fut bon ivrogne.
Il mène un jour Lise au bouchon ;
Mais que fit notre bon apôtre ?
Entre son broc et sa Lison ;
Il vida l'un.... et remplit l'autre...

(*En montrant la table.*)

Voilà le lit où je fus fait,
Je naquis au temps des vendanges ;
J'eus du vin doux au lieu de lait,
Feuille de vigne au lieu de langes.
En moins de six mois je grandis ;
Et, présageant déjà ma gloire,
Les deux premiers mots que je dis
Ce fut à boire ! à boire ! à boire !

On voulut me rendre savant,
Il fallait donc aller en classe ;
De porte me trompant souvent,

J'entrais au cabaret en face.
Retranché dans ce doux réduit,
Des pédans je maudissais l'antre :
Ils voulaient meubler mon esprit,
Moi, j'aimais mieux meubler mon ven-
   tre.

Bientôt ma famille voulut
Me faire entrer dans la marine ;
Mais l'aspect de l'eau me déplut,
J'aime la couleur purpurine.
Je veux vivre où croît le raisin,
Trop de dangers suivent la gloire ;
Je refusai d'être marin,
C'était pour moi la mer à boire.

Je fus quelque temps avocat,
Des lois je fouillai le grimoire ;
Mais pouvais-je aimer un état
Où l'on parle long-temps sans boire ?
Tous mes procès finissaient mal,
Ma besogne était bientôt faite ;
Au lieu d'aller au tribunal,
Je m'arrêtais à la buvette.

Mais puisqu'à tout homme d'honneur
Un état devient nécessaire,
Je choisis l'état de buveur,

C'est celui qu'exerçait mon père.
Exempt de peines, exempt de soins,
On a toujours l'âme contente,
Dans ce métier l'on peut du moins,
Manger l'argent de la patente.

A. MARTAINVILLE.

J'AIME LE VIN.

Musique de l'auteur des paroles.

J'aime le vin, j'aime le vin,
Quand son jus bienfaisant colore
De cristal que je vais soudain
Auprès de vous saisir encore.
J'aime le vin, seul il m'inspire
Joyeux refrain, joyeux délire.
J'aime le vin, j'aime le vin,
Versez, amis j'aime le vin.

J'aime le vin, j'aime le vin,
Tout frais pressuré de la grappe;
Je l'aime encor dans un festin
Quand d'un vieux flacon il s'échappe.
J'aime le vin, lorsqu'à plein verre
Me l'offre quelqu'ami sincère,
J'aime le vin, etc.

J'aime le vin, j'aime le vin,
Quand sa liqueur enchanteresse
Provoque un amoureux larcin
Sur la bouche d'une maîtresse,
J'aime le vin jusqu'à la lie,
Versé par une main jolie.
J'aime le vin, etc.

J'aime le vin, j'aime le vin,
Quand pour nous sourit la victoire,
Je bois ce nectar souverain
Au souvenir de notre gloire.
J'aime le vin, liqueur chérie !
Produit de ma belle patrie.
J'aime le vin, etc.

J'aime le vin, j'aime le vin,
Rien n'égale ce doux breuvage,
Il console le genre humain
De tous les ennuis du viel âge.
J'aime le vin, c'est ma devise ;
Heureux si je puis à ma guise
Long-temps répéter ce refrain ;
J'aime le vin, j'aime le vin,
Versez amis, j'aime le vin.

LE BONHEUR AU CABARET.

Air: *Du vaudeville de l'intérieur d'une étude.*

Le bonheur est-il sur la terre?
Non, plus d'un sage nous le dit.
Croyez que c'est une chimère
Que chacun convoite et poursuit.
De le chercher, moi, je me lasse
On croit l'atteindre il disparaît,
Pourquoi changerais-je de place?
J'en vois l'image au cabaret.

Dieu des buveurs, sous ta puissance
Je veux pour toujours m'engager;
Les ris, les jeux, par ta présence,
Parmi nous viennent voltiger.
Les coups de l'aveugle fortune
Contre nous n'ont aucun effet:
Regrets, chagrins, crainte importune,
N'entrent jamais au cabaret.

Vous qui faites la cour aux belles,
Pour rêver un double bonheur,
Venez folâtrer avec elles
En savourant cette liqueur,

Quand Bacchus, dans son joyeux temple,
A Vénus prépare un banquet ;
Venez tous, boire à mon exemple,
Au Dieu qui règne au cabaret.

Plus d'un souci vous indispose,
Les traits d'amour vous font souffrir ;
Emoussez les dards que la rose,
A jeûn, peut vous faire sentir.
Imitez-moi, je le répète ;
De jouir sachez le secret ;
Chaque jour est un jour de fête,
Quand on le passe au cabaret.

Et vous dont la main s'est armée
Pour la conquête d'un grand nom,
Votre bonheur, c'est la fumée
Qui s'échappe au bruit du canon.
Munissez-vous chacun d'un verre,
Quittez la lance et le mousquet ;
Pour être heureux faites la guerre,
Comme on la fait au cabaret.

Nourrissons du dieu de la treille,
A l'esprit gaillard, au teint frais,
Rendons grâce à notre bouteille,
Du feu qui colore nos traits.

Chans.

Transports joyeux, vive allégresse,
Nous peignent le bonheur parfait.
Ah ! pour prolonger notre ivresse,
Restons toujours au cabaret.

BIEN BOIRE EST TOUTE MA SCIENCE.

Air : *Trouverez-vous un parlement.*

Qu'un savant mesure au compas
L'Olympe dont il semble avide ;
Que maint héros, dans les combats,
Marche sur les traces d'Alcide.
Pour moi, peu sensible au plaisir
Que procure cette existence,
Bien manger est mon seul désir,
Bien boire est toute ma science.

Qu'un courtisan ambitieux
Rampe jusque dans la poussière ;
Qu'un monarque porte ses vœux
Sur le trône de son confrère,
Moi, plus heureux, je sais jouir
Lorsque gaîment j'emplis ma panse ;
Bien manger, etc.

Dans son sommeil, l'homme aux pro-
    cès
Rêve souvent à son grimoire ;
Tous les militaires Français
Rêvent encor à la victoire.
Moi, je ne rêve qu'au plaisir
D'être toujours dans la bombance ;
Bien manger, etc.

Qu'un alchimiste sot et vain,
Vante ses fourneaux et sa gloire ;
Qu'un hypocrite capucin
Me promette le purgatoire.
Près d'un bon mets qu'on vient m'offrir,
Je me moque de leur jactance ;
Bien manger, etc.

Qu'un auteur célèbre et vanté,
Fort pauvrement passant sa vie,
Transmette à la postérité
Une sublime tragédie.
Sans gloire, j'aime mieux mourir
Et vivre au sein de l'abondance ;
Bien manger, etc.

Manger est le besoin de tous,
Sans manger que serait la vie ?
L'homme, en but aux traits des jaloux

Se console dans une orgie.
Dans l'abstinence un souvenir
Est encore une jouissance ;
Bien manger est mon seul désir,
Bien boire est toute ma science.

J.-F.-Hippolyte Maria

MANGER ET BOIRE.

Air : *Mon père était pot.*

Mangeons, mangeons, c'est le refrain
  D'une chanson que j'aime ;
Ce doux refrain me met en train,
  Je veux chanter de même.
  Plus nous y songeons
  Oui, mangeons, mangeons,
C'est un titre de gloire :
  J'aime les bons mets ;
  J'aime à manger... mais
  J'aime encore mieux boire.

C'est dans le vin qu'est le plaisir,
  Si l'on en croit l'histoire.
Grégoire avant que de mourir,
  Criait... encore à boire ;
  Et dans cet instant

Un buveur prétend
Que jaloux de sa gloire,
Même après sa mort,
Il fit un effort
Et but... dans l'onde noire.

Sur la carte, je vois souvent
La mer Adriatique,
La mer du sud et du levant,
Je vois la mer Baltique;
Mais de la gaieté
Toujours enchanté,
J'évite la mer Noire;
Puis en bon gourmet,
La rouge me plaît;
Car c'est la mer à boire.

Voulez-vous bien faire l'amour?
Videz vingt fois vos verres;
Voulez-vous rimer chaque jour?
Buvez, buvez, mes frères.
Vraiment c'est en vain
Qu'on blâme le vin;
Il donne de la gloire :
Un auteur souvent
Arrive en roulant
Au temple de mémoire.

Grisons le débile vieillard,
   Que le temps inquiète;
Grisons la prude, le cafard,
   Et grisons la coquette;
Grisons les enfans,
Grisons les mamans,
Les faiseurs de gazettes.
Grisons les garçons,
Grisons les grisons
Grisons jusqu'aux grisettes.

PARODIE DE LA SENTINELLE.

L'astre du jour de mille rayons d'or
Lançait ses feux sur nos treilles fleuries,
Le verre en main, le jeune et beau Lindor,
Ainsi chantait ces paroles chéries :
Zéphir qui souffle sous l'ormeau,
Va dire aux filles de mémoire
Qu'aujourd'hui je veille au hameau, *bis.*
Pour manger (et surtout pour boire). *bis.*

Aux doux glougloux du nectar bourguignon
Je me recueille, et j'écoute en silence;

Puis inspiré mieux qu'aux bords du Lignon.
Je chante alors avec plus d'assurance :
Zéphir, etc.

Puissé-je un jour, à la fin du repas,
Subir l'arrêt de la Parque sévère
Qui mange et boit sait braver le trépas :
Mais si je meurs à côté de mon verre :
Zéphir qui souffle sous l'ormeau,
Va dire aux filles de mémoire
Qu'avant de mourir au hameau,   *bis.*
Je mangeais. (Versez donc à boire.)*bis.*

LE vIN.

Air: *De la pipe de tabac.*

On a chanté par tout le monde,
Le vin, ce breuvage excellent,
Sur ce sujet chacun abonde,
Mais on l'épuise rarement.   *bis.*
Sur le vin, vous pouvez m'en croire,
On ne peut guères s'arrêter ;
Quand on ne cesse pas d'en boire,
Comment cesser de le chanter.   *bis.*

Je ne connais rien sur la terre
Qu'on puisse comparer au vin,
Tout le reste est une chimère,
Lui seul donne un bonheur certain. *bis.*
Jamais l'heureux buveur n'envie
Des grands les fastueux plaisirs ;
Au fond de son tonneau, la lie
Est le terme de ses désirs. *bis.*

Quand on veut poursuivre la gloire,
Que d'obstacles à surmonter !
Quand on se contente de boire,
Combien de beaux jours à compter. *bis.*
Aux fous qui font de grandes choses,
Laissons leurs funestes succès ;
Près des pampres croissent les roses,
Les lauriers touchent aux cyprès. *bis.*

Le Dieu qu'on adore à Cythère
Est moins séduisant que Bacchus ;
Oui, c'est Bacchus que je préfère,
Ah ! ses plaisirs durent bien plus. *bis.*
Il n'est qu'une saison pour plaire
Et l'âge d'aimer est bien court ;
Mais on vide encore son verre
Lorsqu'on ne fait plus l'amour. *bis.*

On dit que le devoir d'un sage
Est de ne boire que de l'eau ;
Moi je soutiens que ce breûvage
A dérangé plus d'un cerveau,   *bis.*
J'ai pour preuve cette fontaine
Dont chacun de boire est jaloux ;
Ah ! sans les eaux de l'Hypocrène
Nous ne verrions pas tant de fous.   *bis.*

Mais s'il est un heureux délire
C'est celui que produit le vin ;
On s'endort fatigué de rire,
C'est là le tombeau du chagrin.   *bis.*
Pour vivre en paix avec les hommes
Il faut s'enivrer tout de bon ;
Qu'il est doux, au siècle où nous sommes,
De perdre, en buvant, la raison.   *bis.*

LE DÉLIRE BACHIQUE.

Air : *Je commence à m'apercevoir,* etc.

Amis, j'en conviens entre nous,
  Je suis plein comme une outre.
  Loin d'ici passez outre,
Buveurs méchans, mangeurs jaloux ;

　　　　Chez nous bannie,
　　　　L'économie
Du genre humain fut toujours l'ennemie.
Pour les gourmands et les gourmets
La terre aura toujours des mets,
Et les bons vins ne tariront jamais.
　　　Que du globe qui roule
　　　La machine s'écroule : ⎫
Pour moi j'en ris, tant que le ton- ⎬ bis.
neau coule. ⎭

Dans mes entrailles le bordeaux
　　Fait la guerre à l'espagne ;
　　Recourons au champagne
Pour apaiser ces fiers rivaux.
　　　Versez-moi vite
　　　Des vins d'élite !
A table, amis, je suis cosmopolite !
Que j'aime à voir en bataillon
Le rhin avec le roussillon,
Et le vieux grec auprès du cotillon !
　　　Que du globe qui roule
　　　La machine s'écroule
Pour moi, j'en ris tant que le tonneau
　coule.

Exempt d'impôt et de loyer,
　Je mange et bois sans gêne,

Et, comme Diogène,
J'ai vendu tout mon mobilier.
    De ma vaisselle,
    Qu'un juif recèle,
J'ai seulement conservé mon écuelle.
Dans un festin, quand je l'emplis
Auprès de Rose ou de Philis,
Je vois sous moi jusqu'au trône des lis
    Que du globe qui roule
    La machine s'écroule :
Pour moi, j'en ris tant que le tonneau
    coule.

Humains, reconnaissez l'abus
   De vos sottes batailles ;
Echangez des futailles
Au lieu de boulets et d'obus.
    Que le commerce
    Les mette en perce :
Vous le savez, quand le vin nous renverse,
Plus joyeux nous nous ramassons,
Et puis l'ivresse et les chansons
Font qu'au dessert tous nous nous embrassons.
    Que du globe qui roule
    La machine s'écroule :

Pour moi, j'en ris tant que le tonneau
coule.

Que le bouchon et le goulot
   Soient toujours en divorce :
   Plus le vin a de force,
Moins il faut l'affaiblir par l'eau.
   Que l'onde arrose
   L'œillet, la rose,
L'homme ici-bas a besoin d'autre chose.
En dépit d'un fade écrivain,
C'est pour lui seul que le bon vin
S'ambre et mûrit sous le pampre divin.
   Que du globe qui roule
   La machine s'écroule :
Pour moi, j'en ris tant que le tonneau
coule.

Amis, ces coteaux odorans,
   Orgueil de la Limagne,
   Jadis dans la campagne
Vomissaient des feux dévorans ;
   Mais sur la lave,
   Féconde esclave,
Le vigneron vient enrichir sa cave
Ainsi des ans, bravant le cours,
Bacchus ramènera toujours
Avec la vie les folâtres amours.

Que du globe qui roule
La machine s'écroule
Pour moi, j'en ris tant que le tonneau
coule.

J. Vaissière.

LES VIGNES.

Air : *On doit soixante mille francs.*

Amis, vous savez tous que l'eau
Du genre humain est le tombeau :
   Dieu sauva le plus digne.   *bis.*
Noé, frappé d'un tel malheur,
Dès-lors commença du Seigneur,
   A cultiver la vigne.   *bis.*

Tous les tyrans sont buveurs d'eau :
Le vin troublerait leur cerveau,
   Plein de vapeurs malignes.   *bis.*
De l'homme bon, franc et loyal,
L'âme pure comme un cristal
   Craint peu le jus des vignes.   *bis.*

Henri-Quatre aimait ce doux jus
Aussi, d'un moderne Titus,
   A-t-il donné les signes !   *bis.*

Voulant qu'il mit la poule au pot,
Au peuple il payait son écot
   En protégeant les vignes.   *bis.*

Vendôme, ayant trop bu d'un coup,
Certain jour, entre chien et loup,
   Fut surpris dans ses lignes.   *bis.*
Partout ayons l'esprit présent :
De la maison l'on est absent
   Quand on est dans les vignes.   *bis.*

O Mahomet ! ton paradis
Me charmerait ; car les houris
   Sont d'humeur très-bénigne :   *bis.*
Mais sans Bacchus Vénus languit
Pourquoi, par un fâcheux édit,
   Avoir proscrit la vigne.

Vive l'amour ! vive le vin !
Hommage à ce couple divin !
   Laissons l'eau pour les cygnes :   *bis.*
De ces oiseaux c'est l'élément.
Nous, prenant pour cierge un sarment,
   Fêtons le dieu des vignes.   *bis.*

On dit qu'un déluge de feux
Menace nos petits-neveux :
   A tout je me résigne.   *bis.*

Puisqu'il faut rôtir, buvons frais,
Et qu'après nous, mais à ses frais,
  Plante qui peut la vigne!   bis.

DUCLOS.

CHANSON BACHIQUE.

Air de Roland (Piccini.)

Oui, l'homme a bu dans tous les temps;
Dans tous les temps l'homme doit boire :
Chinois, Grecs, Romains et Persans,
Tous ont bu, tous en ont fait gloire.
Par mille événemens divers,
Du sort suivant l'ordre suprême,
Tout a changé dans l'univers,
Mais on y boit toujours de même.

Répétons ce refrain connu
Des buveurs que Bacchus honore :
Buvons, puis, après avoir bu,
Buvons, amis, buvons encore.

De Bacchus heureux favori,
Que j'aime ce brillant chanoine !
Son embompoint, son teint fleuri,
Tout en lui nous annonce un moine

Oui, toujours au plaisir livré,
Au sein d'une heureuse paresse,
S'éveille après s'être enivré,
Pour se rendormir dans l'ivresse.

Répétons ce refrain connu
Des buveurs que Bacchus honore;
Buvons, puis après avoir bu,
Buvons ami, buvons encore.

Joyeux buveur fidèle amant,
Tibulle, aux genoux de Délie,
D'un vin mousseux et pétillant
Savourait la douce ambroisie.
Quel feu vient animer ses yeux!
Déjà, dans la coupe écumante,
Il a puisé le vers heureux
Qui va célébrer son amante.

Répétons ce refrain connu
Des buveurs que Bacchus honore!
Buvons, puis après avoir bu,
Buvons, amis, buvons encore.

Ici-bas tout est passager,
Tout subit une loi pareille;
La vie est un songe léger
Qui passe comme une bouteille.
Rayés du nombre des vivans,

Nous ne boirons plus, c'est à croire,
Buvons donc, buvons pour le temps
Que nous devons passer sans boire.

Répétons ce refrain connu
Des buveurs que Bacchus honore :
Buvons, puis après avoir bu,
Buvons, amis, buvons encore.
Casimir Delavigne.

CHANSON PHILOSOPHIQUE.

Air : *Tout le long de la rivière.*

Enivrons-nous à qui mieux mieux
De jeunes filles, de vins vieux.
Est-ce donc la peine de vivre,
Si tous les jours ou n'est pas ivre,
Si tous les jours un feu nouveau
Ne vient dégager le cerveau ?
Puisqu'on ne peut rien aux maux de cette vie,
Pour les oublier il faut que l'on s'oublie,
Il faut, il faut que l'on s'oublie.

Fi de la belle au ton pincé !
Fi de l'important compassé !
Qui sait garder son équilibre

Dans ses mouvemens est plus libre.
Qui se croit un sage est un fou ;
Qui va le mieux ne sait pas où...
Puisqu'on ne peut rien aux maux de cette vie,
Pour les oublier il faut que l'on s'oublie;
Il faut, il faut que l'on s'oublie.

L'orgueil a beau se pavaner,
Son sort est de déraisonner ;
Le savoir, la philosophie
Font déraisonner qui s'y fie ;
Mais quand tous nous déraisonnons,
Nous seuls, buveurs, en convenons.
Puisqu'on ne peut rien aux maux de cette vie,
Pour les oublier il faut que l'on s'oublie.

En vain nous nous persuadons
Qu'un dieu nous prodigue ses dons :
Le lot de tout ce qui respire,
C'est ou léthargie ou délire.
Naître, exister, et puis mourir,
C'est souffrir, souffrir et souffrir.
Puisqu'on ne peut rien aux maux de cette vie,
Pour les oublier il faut que l'on s'oublie;
Il faut, il faut que l'on s'oublie.

CHARLES LEMESLE.

L'HEUREUSE MÉDIOCRITÉ.

Air : *La bonne aventure, o gué.*

Dedans mon simple réduit
    Je vis à mon aise
Je n'ai qu'une table, un lit,
    Un verre, une chaise ;
Mais je m'en sers chaque jour,
Pour caresser tour-à-tour
    Ma pinte et ma mie
        O gué
    Ma pinte et ma mie.

Le Haut degré de grandeurs
    Me fait peu d'envie ;
On y doit aux spectateurs
    Compte de sa vie,
Mais, dans mon obscurité,
Je possède en liberté :
    Ma pinte, etc.

Dans tous les brillants emplois
    Qu'un sot orgueil brigue,
On est sujet à des lois
    Dont le joug fatigue ;

Pour moi, libre de tous soins,
Je prends, selon mes besoins,
　　Ma pinte, etc.

Je ne veux pas des grands mots
　　Etre la victime,
De la gloire des héros,
　　Je fais peu d'estime.
N'ai-je pas assez vaincu,
Quand j'ai su mettre sur cu
　　Ma pinte, etc.

Qu'au travers de mille morts,
　　Sur la terre et l'onde,
On court après des trésors
　　Dans un Nouveau-Monde;
Je crois avoir tous les biens,
Lorsque dans mes bras je tiens
　　Ma pinte, etc.

Des simples et des métaux
　　Cherchent l'analyse
Pour échauffer ses fourneaux,
　　Le souffleur s'épuise;
Mais souvent, sans trop souffler,
Je sais faire distiller
　　Ma pinte, etc.

La promenade et le jeu
    N'ont rien qui me pique;
Un concert me touche peu.
    Pour de la musique!
Je ne veux pas m'amuser,
Que remplir et renverser
    Ma pinte, etc.

SERMON A BOIRE.

Air: *Garde à vous.*

Francs amis
Réunis
Pour sabler à la ronde,
Je vais prêcher au monde :
Mais avant tout buvons,
    Oui, buvons. (*bis.*)
Ma morale est très-saine,
De douceur elle est pleine,
Pécheurs, écoutez tous,
Et convertissez-vous :
    Grisez-vous. (*ter.*)

Verre en main,
Verre en main,

Nous voici dans le temple,
Amis prêchons d'exemple
Au pauvre genre humain :
    Verre en main. (*bis.*)
Cessez, cessez vos guerres.
Hommes, vous êtes frères,
Tous unis par le vin,
Répétez ce refrain :
    Verre en main (*ter*)

    Grisez-vous,
    Grisez-vous.
Prêtres atrabilaires,
Médecins et notaires,
Avocats, procureurs,
    Et plaideurs. (*bis*)
Tendez aussi vos verres,
Moralistes sévères.
Dont je crains peu les coups;
Charlatans, grisez-vous,
    Grisez-vous. (*ter*)

    Tous en rond,
    Tous en rond,
Quand ils boiront rasades,
Médecins et malades
Ensemble danseront
    Tous en rond. (*bis*)

Et pour noyer leurs haines,
Les plaideurs coupes pleines
Avec juges boiront,
Et gaîment trinqueront
    Tous en rond. (*ter.*)

    Garde à vous,
    Garde à vous,
Nous crieront d'une chaire
Certains buveurs d'eau claire,
Enfans, imitez-nous :
    Garde à vous. (*bis*)
Redoutez la bouteille
Et sa liqueur vermeille,
De vos joies jeunes fous
Le ciel est en courroux :
    Garde à vous. (*ter*)

    Taisez-vous,
    Taisez-vous,
Hydropotes impies,
Vos ignobles lubies
N'ont pas cours parmi nous :
    Taisez-vous (*bis*)
Contre vous, râce infame,
Un saint courroux m'enflamme
Devant ces vins si doux,

Perfides à genoux,
    Taisez-vous. (*ter*)

    Unissons
    Les chansons
Aux glou-glou des bouteilles;
Des buveurs les oreilles
Aiment les joyeux sons
    Des chansons. (*bis*)
Imitons nos ancêtres,
Ils mêlaient en bons maîtres,
Aux pan pan des bouchons,
Couplets bien gais, bien ronds
    Des chansons. (*ter*)

    Je suis gris,
    Je suis gris,
Bon vin, je te rends grâce,
Dans le ciel je prends place,
Au milieu des esprits :
    Je suis gris. (*bis.*)
On n'y boit que Champagne,
Bordeau et Vins d'Espagne,
Pomard et Poligny :
Suivez-moi, mes amis,
    Je suis gris. (*ter*)

             O****

RONDE A BOIRE.

Air : *Pour étourdir le chagrin.* ou : *Ah!
le bel oiseau maman.*

Buvons puisque dans le vin
  Tout se noie
  Hors la joie
Buvons, et le verre en main
Sachons noyer le chagrin.

Boire, aimer, c'est être heureux,
Vive le vin ! la fillette !
Ils enivrent tous les deux,
Tous deux font tourner la tête.
Buvons, etc.

Caressons soir et matin,
Bouteille et fille gentille.
La fille verse le vin,
Le vin renverse la fille.
Buvons, etc.

Si comme un sage l'a dit,
Comme l'a prouvé Grégoire,
C'est dans le vin qu'est l'esprit

Que de gens devraient en boire !
Buvons, etc.

Vrais partisans du tonneau,
Nos chansonniers qu'on révère
Venaient chercher au *Caveau*
Tous leurs vers au fond du verre.
Buvons, etc.

On se moque des Beaunois,
On a tort; mais je les prone:
Jamais l'Institut, je crois,
Ne fera le vin de Beaune.
Buvons, etc.

On a fort mal distingué,
Les fruits du jus de la tonne:
Le *Grave* rend toujours gai;
Le *Nuits* ne nuit à personne.
Buvons, etc.

Si Collé, Piron, Gallet
Sur le vin ont fait merveille,
C'est qu'aussi chaque couplet
Leur coûtait... une bouteille.
Buvons, etc.

LA GRANDE ET LA PETITE MESURE,

Air : *A l'ombre de ce vert feuillage.*

Philis, est petite mignonne ;
C'est ce qui m'invite à l'aimer ;
Jamais une grande personne
Ne saura si bien m'enflammer.
Le bon goût, qu'il faut toujours croire,
Me recommande chaque jour
La grande mesure pour boire,
Et la petite pour l'amour.

Une grande dame est altière ;
Pleine d'orgueil et de hauteur ;
Elle regarde d'ordinaire
Chacun du haut de sa grandeur.
Pour nous épargner ce déboire,
Chers amis, prenez tour à tour,
La grande, etc.

Une gigantesque figure
N'est point du tout ce qu'il me faut ;
Je suis de moyenne stature,
Et ne puis atteindre de bien haut ;

Pour ce motif il est notoire
Que je dois prendre tour à tour,
La grande, etc.

Souvent dans la tendre carrière
On voit broncher un corps trop grand;
La taille petite et légère
Fait le chemin en se jouant :
Daignez donc à la fin m'en croire
Et que chacun prenne à son tour
La grande etc.

Bien loin d'écouter l'inconstance
Tant que sur terre on me verra,
Je penserai comme je pense,
Jamais mon goût ne changera.
J'aurai toujours dans la mémoire
Ce que je conseille en ce jour,
La grande mesure pour boire
Et la petite pour l'amour.

LA BOUTEILLE.

Air de la parole.

Plaisirs d'un cœur ambitieux,
Dignités, grandeurs et richesses,

Biens si vantés, si précieux,
Vous n'avez rien qui m'intéresse ;
Je vous contemple avec froideur,
Quand je m'endors, quand je m'éveille,
Votre éclat perfide et trompeur,
A l'œil enchanté d'un buveur
Ne vaudra jamais (*bis*) la bouteille.

Par l'amour ou par l'amitié
Votre foi fut-elle trahie ?
Avez-vous de votre moitié
Eprouvé perfidie ?
Un pareil malheur est bien dur.
S'en affliger n'est pas merveille ;
Mais pour l'oublier, à coup sûr,
Je sais un moyen toujours sûr.
Et ce moyen c'est (*bis*) la bouteille.

Constante idole des buveurs
Tu ne ressembles pas aux belles ;
Plus tu prodigues tes faveurs
Moins tu rencontres d'infidèles.
Couronné de pampres joyeux
Silène assis sous une treille
Le verre en main, content, joyeux,
Pour le sceptre même des Dieux
N'auraient pas donné (*bis*) sa bouteille.

Le Dieu de Cythère en naissant
De s'enivrer eût fantaisie ;
Et Vénus offrit à l'enfant
Deux jolis flacons d'ambroisie.
Depuis ces momens bien connus
Sitôt que l'amour nous éveille,
En dépit des droits de Bacchus,
Avec ivresse, de Vénus
On aime à presser (*bis*) la bouteille.
Léger.

LE TEMPS.

Air : *Ce magistrat irréprochable.*

Près de la beauté que j'adore,
Je me croyais égal aux dieux ;
Lorsqu'au bruit de l'airain sonore,
Le Temps apparut à nos yeux. (*bis.*)
Faible comme une tourterelle
Qui voit la serre des vautours,
Ah ! par pitié, lui dit ma belle,
Vieillard, épargnez nos amours !

Devant son front chargé de rides,
Soudain nos yeux se sont baissés ;

Nous voyons à ses pieds rapides
La poudre des siècles passés.
A l'aspect d'une fleur nouvelle
Qu'il vient de flétrir pour toujours,
Ah ! par pitié, lui dit ma belle,
Vieillard, épargnez nos amours !

Je n'épargne rien sur la terre ;
Je n'épargne rien même aux cieux
Répond-il d'une voix austère :
Vous ne m'avez connu que vieux.
Ce que le passé vous révèle,
Remonte à peine à quelques jours.
Ah ! par pitié, lui dit ma belle,
Vieillard, épargnez nos amours !

Sur cent premiers peuples célèbres,
J'ai plongé cent peuples fameux
Dans un abîme de ténèbres,
Où vous disparaîtrez comme eux.
J'ai couvert d'une ombre éternelle
Des astres éteints dans leurs cours.
Ah ! par pitié, lui dit ma belle,
Vieillard, épargnez nos amours !

Mais, malgré moi, de votre monde
La volupté charme les maux ;
Et de la nature féconde

L'arbre immense étend ses rameaux.
Toujours sa tige renouvelle
Des fruits que j'arrache toujours.
Ah! par pitié, lui dit ma belle;
Vieillard, épargnez nos amours!

Il nous fuit; et près de le suivre,
Les plaisirs, hélas! peu constans,
Nous voyant plus pressés de vivre,
Nous bercent dans l'oubli du Temps.
Mais l'heure en sonnant nous rappelle
Combien tous nos rêves sont courts;
Et je m'ecrie avec ma belle :
Vieillard, épargnez nos amours!

FIN.

TABLE.

CHANSONS DE TABLE.

Utilité de la chanson. *Page*	5
Mouvement perpétuel.	9
Ma bouteille.	11
Chansonnette.	12
Plus on est de fous, plus on rit.	14
Chanson bachique.	16
Trinquons.	20
Chanson morale.	22
Pompons.	23
Ronde de table.	26
Le dessert.	28
Le buveur éternel.	31
Grisons-nous.	33
La chanson.	35
Le roi de la fève.	38
Le vrai buveur.	39
Chanson à manger.	41
Roulades bachiques.	44

La bouteille. *page*	45
Madame Grégoire.	47
Le vin.	50
La marseillaise épicurienne.	54
L'aimable Fanchon.	56
Parallèle de la vendange et de la moisson.	57
Versez donc.	59
Chansonnette de table.	61
Eloge du café.	64
Ronde de table.	66
Le dieu des bonnes gens.	67
Le gâteau des rois.	70
Le gourmand.	72
Le dessart.	74
La tactique.	76
Amour et goguette.	79
Les petits coups.	82
Jouissons du temps présent.	84
Chanson bachique.	85
Plus on est d'amis, plus on boit.	87
Le verre en main.	89
Le buveur intrépide.	91
Le tin tin bachique.	93
Le pan pan bachique.	98
Le coup du milieu.	101
Le vin.	103

Les bons amis. page	106
Ma République.	108
Le jour des rois.	110
Couplets de table.	112
Chanson bachique.	115
Autre.	117
Voyage au pays de Cocagne.	118
Les poëtes bachiques.	125
L'eau.	126
L'amant buveur.	128
Boire et dormir.	130
La table.	132
Le bon vivant.	133
La carafe et la bouteille.	136
Bacchus et l'Amour.	138
L'enfant du cabaret.	140
J'aime le vin.	142
Le bonheur au cabaret.	144
Bien boire est toute ma science.	146
Manger et boire	148
Parodie de la sentinelle.	150
Le vin.	15
Le délire bachique.	155
Les vignes.	157
Chanson bachique.	159
Chanson philosophique.	162
L'heureuse médiocrité.	163

Sermon à boire.   page   165
Ronde à boire.   169
La grande et la petite mesure.   171
La bouteille.   172
Le Temps.   174

FIN DE LA TABLE.

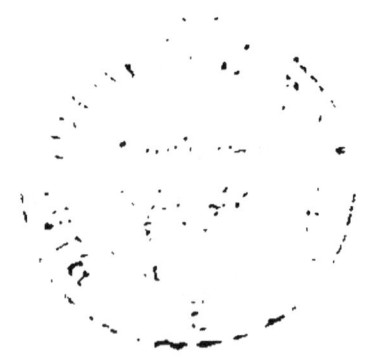

MONTBÉLIARD,
IMPRIMERIE DE ROD.-HENRI DECKHERR.

2 d.   (5)

www.ingramcontent.com/pod-product-compliance
Lightning Source LLC
Chambersburg PA
CBHW060523090426
42735CB00011B/2344